Wendelin Grimm
Gunild Schulz-Gade

Übungs- und Lernzeiten an der Ganztagsschule

Ein Praxisleitfaden zur Integration von Hausaufgaben in den Ganztag

debus PÄDAGOGIK

Bibliografische Information der Deutschen Nationalbibliothek

Die Deutsche Nationalbibliothek verzeichnet diese Publikation in der Deutschen Nationalbibliografie; detaillierte bibliografische Daten sind im Internet unter http://dnb.d-nb.de abrufbar.

www.debus-paedagogik.de
www.wochenschau-verlag.de

Programmleitung: Peter. E. Kalb
Umschlaggestaltung: Ohl Design
Gesamtherstellung: Wochenschau Verlag
Titelbild: Fotolia / Markus Mainka
Gedruckt auf chlorfreiem Papier
ISBN 978-3-95414-039-8

Inhalt

Vorwort

Mit der Weiterentwicklung von Ganztagsschulen werden Hausaufgaben zunehmend kritisch hinterfragt. Die erweiterte Rhythmisierung bis in den Nachmittag wirft zunächst ein zeitliches Problem auf: Wann haben die Kinder noch Zeit für Hausaufgaben?

Probleme gibt es aber nicht erst in Ganztagsschulen, sondern von Anfang an, seit Hausaufgaben bestehen. Es ist symptomatisch, dass eine Lösung bis heute nicht gelungen ist.

Durch Hausaufgabenhilfe oder -betreuung im Ganztag rücken Hausaufgaben näher an die Schulen heran. Für Lehrkräfte ist es ein Unterschied, ob sie dieses Konfliktpotenzial aus sicherer Entfernung betrachten oder nun unmittelbar davon betroffen sind. Da die strukturellen Schwierigkeiten im Ganztag allenfalls abgemildert, nicht aber beseitigt werden können, mehren sich Zweifel am Sinn von Hausaufgaben.

Es reift, salopp formuliert, die Erkenntnis: Hausaufgaben verursachen keine Probleme, sie sind das Problem! Das zeigt auch die Flut von Ratgeberliteratur für Eltern. Zudem geraten Hausaufgaben immer wieder in die Schlagzeilen der Presse.

Es lohnt sich deshalb allenfalls übergangsweise, Hausaufgaben didaktisch und methodisch zu verbessern. Die Energien sollten sich vielmehr auf deren Abschaffung und die Entwicklung von integrierten Lernzeiten richten. Dies ist ein komplexes Vorhaben und nicht mit einem Handstreich zu vollziehen.

Immer mehr Schulen suchen dafür Unterstützung von außen durch Fortbildung, Beratung und durch die nur sehr spärlich vorhandene praxisnahe Fachliteratur. Das veranlasste uns, den Diskussionsstand um Hausaufgaben aufzugreifen und dieses Buch zu planen. Wir besuchten Schulen, die bereits erfolgreich Lernzeiten anstelle von Hausaufgaben praktizieren. Wir betrachteten sie aus unseren Blickwinkeln als Lehrkräfte, Schulleiter/-in, Schulberater/-in und als Leiter/-in von Fortbildungsveranstaltungen.

Individuelle Lernzeiten sind kein fest umrissenes Gebilde, sondern zeigen in der Schulpraxis vielfältige Ausformungen. Diese werden in Kapitel 3 mit verschiedenen Modellen definiert. Beim Erstellen des Manuskripts versuchten wir, uns in die Situation der Akteure an den Schulen hineinzuversetzen, also in die der Kinder, der Eltern und in die des pädagogischen Personals. Dort setzen wir an und zeigen Wege von Hausaufgaben zu Lernzeiten. Dies scheint uns die beste Perspektive, um mit praxisorientierten Hilfen bei dem Prozess, weg von Hausaufgaben – hin zu Lernzeiten, zu begleiten.

Auch hier beginnen Veränderungen nicht im Unterricht, sondern zunächst in den Köpfen des pädagogischen Personals und der Eltern. Informationen und Denkanstöße regen zu diesem Paradigmenwechsel mit neuen Zielsetzungen an.

In der Öffentlichkeit wird die Abschaffung von Hausaufgaben vielfach als Leistungsverlust der Schule gesehen. Insbesondere unterstellt man, dass dadurch Üben und nachträgliches Verstehen zu kurz kämen. Lernzeiten gelten als Mogelpackung.

Bei solchen populären (Vor-)Urteilen, wird die Akzeptanz in der Schulgemeinde nur erreicht werden, wenn alle von Anfang an mit ins Boot genommen werden und die unterschiedlichen Professionen ihren Beitrag zu einer gemeinsamen Lösung des Problems leisten können. Bereits in den Entwicklungsprozess sollten die Schulgremien eingebunden werden.

Die Good-Practice-Beispiele in diesem Buch sind keine Rezepte mit Zutaten und Anweisungen zum „Nachkochen“. So einfach ist es eben auch wieder nicht. Stattdessen verhelfen Hintergrundinformationen, Leitfragen, Erfahrungen und Hinweise zu einem eigenen Konzept, das am Stand der eigenen Schule ansetzt mit ihren speziellen Anforderungen, Ressourcen, Stärken und Schwächen. Das Konzept sollte nach einer Erprobungsphase, für die man sich Zeit lassen sollte, evaluiert werden, um sowohl Erfolge als auch Verbesserungsbedarf festzustellen. Wie dies geschehen kann, zeigen wir am Beispiel einer Schule.

Auch wenn Ziele und Verfahren der Lernzeiten noch so fundiert geplant werden, wird die Umsetzung nicht perfekt zu realisieren sein, was für eine lernende Schule aber kein Problem sein dürfte. In diesem Sinne wünschen wir ein gutes Gelingen mit Erfolgen, die Sie genießen können und einen positiven Prozess der ständigen Weiterentwicklung, der die Schule jung halten wird. Wir freuen uns über Kritik, Anregungen und Fragen zu diesem Buch.

Rodgau und Kassel, im Januar 2015

Wendelin Grimm grimm.juegesheim@arcor.de
Gunild Schulz-Gade schulzgade@t-online.de

1. Hausaufgaben – Anspruch und Wirklichkeit

1.1 Zu Risiken und Nebenwirkungen

Schlagzeilen

Mami, hilf mir!
Frankfurter Allgemeine Sonntagszeitung, 20.1.2013

Hausaufgaben bringen nichts
Frankfurter Rundschau, 30.9.2011

Zäh, zäher, Hausaufgaben
Süddeutsche, 24.9.2012

„Halten Sie sich bei den Hausaufgaben zurück"
Süddeutsche, 24.9.2012

Schule ohne Mama? Nicht zu schaffen
Frankfurter Allgemeine, 18.8.2013

Hausaufgaben vergessen – ein nächtliches Schreckgespenst
Focus Schule, 10.10.2007

Stressfreie Hausaufgaben – Mama macht das schon!
Focus Schule, 7.9.2006

Wenn Hausaufgaben einen Beipackzettel wie Medikamente hätten, gäbe es sie wahrscheinlich nicht mehr, zumindest nicht in dieser Form. Der therapeutische Nutzen ist umstritten und die Nebenwirkungen sind enorm. *Hausaufgaben gefährden den Hausfrieden!* könnte auf der Verpackung stehen, denn Hausaufgaben und Hausfriedensbruch liegen nicht nur im Wortklang nahe beieinander. Hausaufgaben sind über Jahrzehnte hinweg ein Dauerthema mit Konfliktpotenzial in Elternabenden der Schule. Die Flut der Ratgeberliteratur und Schlagzeilen in der Presse reißt nicht ab. Dies alles deutet auf eine Schieflage hin. Handelte es sich um ein Medikament, hätte es schon lange seine Zulassung verloren.

Trotz der offenkundigen Probleme halten Lehrkräfte und Eltern mehrheitlich an Hausaufgaben fest. Eine ältere Studie bestätigt, dass „die Lehrer die von ihnen gestellten Aufgaben durchweg für sinnvoll und notwendig (halten), und die Eltern wie Schüler die Aufgaben so, wie sie gestellt werden (akzeptieren)“ (Schmidt 1984, 360). Hausaufgaben dienen dem Lernen, ist die vorherrschende Überzeugung (Cooper u. a. 1998, 70-83).

Daran hat sich bis heute wenig geändert. Trotz aller durch die Hausaufgabenpraxis ausgelösten Konflikte zeigen Eltern quer durch alle Gesellschaftsschichten immer noch eine hohe Akzeptanz. Sie sehen in Hausaufgaben eine unabänderliche Tatsache, eine schulisch gesetzte Anforderung, quasi im Status eines Naturgesetzes, das nicht in Frage zu stellen ist und dem eine Sinnhaftigkeit innewohnt (Kaufmann/Wach 2010, 136). Hausaufgaben gehören zur Schule wie die Tafel zum Klassenraum, wie die 45 Minuten zur Schulstunde und wie das Diktat zum Deutschunterricht.

Hauptsächlich im Zusammenhang mit der aktuellen Entwicklung von ganztägig arbeitenden Schulen kommen aber zunehmend Zweifel an der Hausaufgabenpraxis auf. Diese sind zunächst motiviert durch die neue Zeitstruktur der Schulen: Wann sollen Kinder die Hausaufgaben machen? Überlegungen, die Hausaufgaben in die Schule zu integrieren, führen dann zu neuen Organisationsformen, die von der Hausaufgabenhilfe bis zu individuellen Lernzeiten mit einer neuen methodisch-didaktischen Qualität reichen. Die meisten dieser Schulen stehen aber erst am Anfang dieses Weges.

Studien, die ein positives Bild von Hausaufgaben zeichnen mit einer hohen Akzeptanz bei Kindern, Eltern und Lehrkräften, sind kritisch zu hinterfragen. Welche Alternativen zu Hausaufgaben bekommen die Befragten aufgezeigt? Die Abschaffung der Hausaufgaben suggeriert vermindertes Lernen, was niemand will. Kinder akzeptieren Hausaufgaben als selbstverständlichen Teil der Schule und nehmen die damit verbundenen Pflichten mehr oder weniger gern auf sich, um Lehrkräfte und Eltern nicht zu enttäuschen. Dennoch bricht immer großer Jubel in den Klassen aus, wenn *hausaufgabenfrei* verkündet wird.

„Hausaufgaben sind Übungsaufgaben
Nur wenn Hausaufgaben gemacht werden kann ein Lehrer sehen ob die Schüler auch den Stoff verstanden haben. Oder will man erst bei einer Klassenarbeit feststellen, das der Schulstoff noch nicht bei den Schülern angekommen ist. Deshalb, Hausaufgaben sind Übungsaufgaben, ohne die geht es nicht. Sonst kommt beim nächsten mal wieder der Pisa-Schock und dann ist das Gejammer wieder groß."
(Lesermeinung zu dem Artikel: Den Hausaufgaben droht die Abschaffung, Frankfurter Allgemeine Zeitung, Rhein-Main vom 4.12.2013. Diese Lesermeinung ist komma- und buchstabengetreu zitiert.)

Das positive Bild passt auch nicht zu der bereits in der Grundschule festzustellenden großen Anzahl von Nachhilfestunden und dem enormen Bildungssekundärmarkt. Eine Bertelsmann-Studie stellt fest, dass 6 % aller Grundschulkinder Nachhilfeunterricht bekommen. Deren Eltern wenden dafür insgesamt 143 Millionen Euro auf, bei einem jährlichen Ausgabesatz von 750 Euro je Kind. Für die Sekundarstufe I und II liegen diese Werte mit einer Nachhilfequote von 15 % und jährlichen Ausgaben von 1.325 Millionen Euro noch wesentlich höher (Klemm/Klemm, 2010, 24-25).

Fakten

6 %	aller Grundschulkinder erhalten Nachhilfeunterricht.
143	Millionen Euro geben Eltern jährlich für Nachhilfeunterricht aus.
60 %	der Eltern sehen Schulmängel.
10 %	und weniger Kinder der Grundschule erledigen ihre Hausaufgaben ohne Elternhilfe
77 %	der Eltern helfen vor Klassenarbeiten und Referaten.
63 %	erarbeiten mit ihrem Kind Lerninhalte.
83 %	der Frauen glauben, dass Mütter nachmittags ihren Kindern helfen sollten.

Eltern nehmen diesen Bildungszuschlag zu ihrer Steuerlast ohne (vernehmbare) Klagen hin, wohl auch weil sie tatsächliche oder vermeintliche Defizite ihrer

Kinder nicht öffentlich machen wollen. Immerhin bemängeln laut einer Studie 60 % der Eltern, dass die Schule ihren Aufgaben nur unzureichend nachkommt. Eltern, vorwiegend Mütter, fungieren nachmittags als Hilfsflehrkraft: 77 % helfen gezielt vor Klassenarbeiten und Referaten. 63 % erarbeiten mit dem Kind die Lerninhalte (2. JAKO-O Bildungsstudie, 3). Weniger als 10 % der Kinder in Grundschulen erledigen ihre Hausaufgaben ohne Hilfe der Eltern (Gerber/ Wild 2009, 213-229).

Der immer wieder beklagte krankmachende Stress bei Kindern und Jugendlichen, die Konflikte in den Familien sowie die Nöte der Kinder, wenn sie mit Hausaufgaben überfordert sind und niemand ihnen richtig hilft, wird schicksalhaft mehr oder weniger in Kauf genommen.

Ganztägig arbeitende Schulen richten in der Regel zunächst eine Hausaufgabenhilfe ein. Indem die Hausaufgaben damit näher an die Schule heranrücken, bekommen Lehrkräfte mehr Einblicke in die Hausaufgabenpraxis. Viele werden nachdenklich, wenn sie merken, was sie mit Hausaufgaben anrichten. Oft resultieren daraus Bemühungen um ein besseres didaktisches Konzept für Hausaufgaben, womit aber grundsätzliche Probleme nicht überwunden werden können.

Sobald eine Schule die Veränderung der Hausaufgabenpraxis anstrebt, geraten verschiedene Sichtweisen der Akteure in Konflikt. Kinder, Eltern und Lehrkräfte sehen jeweils unterschiedliche, teilweise sich widersprechende Anforderungen und Funktionen. Damit Entwicklungen zu individuellen Lernzeiten konstruktiv bewältigt werden können, müssen diese Sichtweisen genauer betrachtet und die Ursachen hinterfragt werden. Erst wenn man die Beweggründe des Anderen kennt, werden Unterstellungen vermieden und eine Basis für gemeinsame Veränderungen der Hausaufgabenpraxis wird geschaffen.

1.2 Hausaufgaben aus Sicht der Kinder

Das sollen Kinder können:

- Hausaufgaben eigenständig erledigen, auch wenn sie zu schwer sind
- Bei Hausaufgaben selbstständiges Arbeiten lernen und in der Schule?
- Hausaufgaben mit Elternhilfe erledigen – Leistungsüberprüfungen ohne Hilfe bewältigen
- Den Sinn von Hausaufgaben für das eigene Lernen durchschauen
- Fehler zugeben, obwohl das zu Ärger führen kann
- Mit Hausaufgaben Lerndefizite ausgleichen

Aus unserer Sicht als Lehrkräfte mögen Kinder Hausaufgaben in der Regel nicht, akzeptieren sie aber als notwendiges Übel. Es gibt aber auch Ausnahmen. Wenn mit Kindern gemeinsam ein Lernvorhaben geplant und vorbereitet wird, ziehen sie gerne Erkundigungen ein. Sie schreiben ihre Fragen auf, sammeln Material, bereiten Lernstationen vor, lesen nach und befragen Erwachsene wie Kinder, die auf diesem Gebiet Experten sind. Ihre Ergebnisse und Fragen fließen in den Unterricht ein, werden wertgeschätzt und erhalten in diesem Kontext einen Sinn. Ganz nebenbei unterstützen Kinder mit solchen „Hausaufgaben" die Lehrkraft. Kinder mögen es auch, wenn aus dem Unterricht der Anlass erwächst, etwas selbstständig zu erforschen oder auszuprobieren.

Häusliche Übungen werden am ehesten akzeptiert, wenn Kinder den Nutzen für ihr eigenes Lernen erkennen und sie selbst bestimmen können, wie sie etwas üben.

Diese Ausnahmen entsprechen aber nicht dem gängigen Bild von Hausaufgaben. Sie sind von keiner Leistungsfunktion überlagert und entstehen aus Situationen, die nicht Tag für Tag im Unterricht auftreten. Solche didaktisch sinnvollen Hausaufgaben stellen an Lehrkräfte einen hohen Anspruch. Sie sind eng mit der Unterrichtskonzeption verknüpft, aus der sich solche Hausaufgaben entwickeln lassen. Kann dieser Anspruch nicht eingelöst werden, ist es sinnvoll, auf Hausaufgaben zu verzichten.

Kinder lehnen Hausaufgaben ab, die nicht sorgfältig vorbereitet, sondern improvisiert sind (Trautwein u. a. 2006, 438-456), weil nun mal Hausaufgaben aufgegeben werden (müssen): „So, das macht ihr zu Hause fertig." „Im Buch ist noch S. 11 die Nr. 3 offen."

Abb. 1: Was Kinder mögen – Was Kinder ablehnen

Das mögen Kinder:	**Das lehnen Kinder ab:**
erforschen, ausprobieren	Reduktion auf eintönige Übungen
abwechslungsreiche Aufgabenstellungen	eintönige, reproduktive Aufgabenstellungen
eigenständig und erfolgreich arbeiten	Über- und Unterforderung
Wertschätzung ihrer Leistung	Reduktion der Leistung auf ordentlich, vollständig, richtig
Relevanz der Arbeit für den nachfolgenden Unterricht	Hausaufgabe nicht in Lernvorhaben integriert
Nutzen für das eigene Lernen, transparente Ziele, Reflexion des Lernprozesses	fehlende Zielorientierung, fehlende Reflexion
prozessorientierte Kontrolle: Lösungsprozess, mögliche Fehler, Schwierigkeiten, auf Fragen eingehen, individuelle Bedürfnisse	**ergebnisorientierte Kontrolle:** ordentlich, vollständig, richtig Überbetonung des Verpflichtungscharakters, Strafen wegen schlechter Leistungen
Übungsform selbst bestimmen	vorgegebene Übungsform, kaum Variationen
Auswahl aus Alternativen	keine Wahlfreiheit
sorgfältige Vorbereitung durch die Lehrkraft	flüchtig improvisierte Beschäftigung als Hausaufgabe
Hilfe bei Problemen	Verweigerung von Hilfe mit Hinweis auf Selbstständigkeit
Routine, Regeln, Leitfäden	Unsicherheit
Hilfe in leistungsheterogenen Gruppen	defizitorientierte Hausaufgabenhilfe in einer leistungshomogenen Gruppe, Stigmatisierung
Hausaufgabe als Lernsituation	Hausaufgabe als Leistungssituation

Sowohl bei der schulischen Hausaufgabenhilfe als auch bei individuellen Lernzeiten wollen sich Kinder mit Fragen an eine feste Bezugsperson wenden können. Für viele hängt davon die Weiterarbeit ab. Kinder sind oft gekränkt und fühlen sich abgelehnt, wenn Hilfen mit dem Hinweis auf Selbstständigkeit verweigert werden (Kaufmann 2013, 20/21) Aber wie kann diesem Dilemma begegnet werden? Sicher fordern Kinder gelegentlich aus Bequemlichkeit vorschnell Hilfe an. Es ist schwierig zu entscheiden, wann Hilfe notwendig ist und wann nicht.

Es empfiehlt sich ein klärendes Gespräch mit den Kindern über das Ziel der Selbstständigkeit und über Möglichkeiten, Hilfen in Anspruch zu nehmen. Am Ende sollten transparente Verfahrensabläufe und Regelvereinbarungen stehen. Kinder schätzen Routine im Schultag. Sie gewinnen dadurch Verhaltenssicherheit, mit der sie selbstständiger agieren können und damit weniger auf Hilfe durch pädagogisches Personal angewiesen sind.

Bewährt hat sich zum Beispiel folgendes Verfahren: Das Kind darf nicht einfach fragen: „Wie geht das?" Es muss sich mit dem Problem beschäftigen, eventuell andere Hilfen in Anspruch nehmen und wenn es dann immer noch Hilfe braucht, mit einem Vorschlag kommen: „Geht das so?" Dieses Verfahren entlastet nicht nur das pädagogische Personal, es ist auch frei von der Nebenwirkung, dass die Kinder Hilflosigkeit erlernen (Eller u. a. 2012, 30-31).

Kinder lehnen eine defizitorientierte schulische Hausaufgabenhilfe ab, da sie damit als leistungsschwach stigmatisiert werden und um ihren Status in der Klasse fürchten müssen (Kaufmann 2013, 17). Gerade wenn in ganztägig arbeitenden Schulen die Ressourcen nicht ausreichen, um eine offene Hausaufgabenhilfe für alle anzubieten, ist die Versuchung groß, diese auf Kinder mit Lernproblemen zu beschränken, womit den Kindern allerdings mehr geschadet als geholfen wird.

> „Wenn ich gesagt habe, schaue dir das noch mal an, das kannst du nicht so abgeben, das musst du sorgfältiger machen, du musst schöner schreiben, dann hat er Wutanfälle bekommen."
>
> (Mutter, 4. Klasse)

(aus: Kaufmann 2013, 4)

Die Kontrolle durch die Eltern wird meistens negativ empfunden, besonders wenn sie einseitig ergebnisorientiert ist, also auf das Resultat der Hausaufgaben zielt und den Arbeits- und Lernprozess außer Acht lässt. Kinder vermissen Hinweise auf Hilfen, mit denen sie die gestellten Aufgaben lösen können (Trautwein/Lüdtke 2008, 239-251). „Was fällt dir schwer?" „Das kannst du so machen: …" Das kannst du damit lernen/üben: …" Von Kindern akzeptierte Unterstützung entsteht aus dem Reflektieren ihrer individuellen Bedürfnisse in Bezug auf Hausaufgaben und schulisches Lernen.

Abb. 2: Prozessorientierte Hilfe

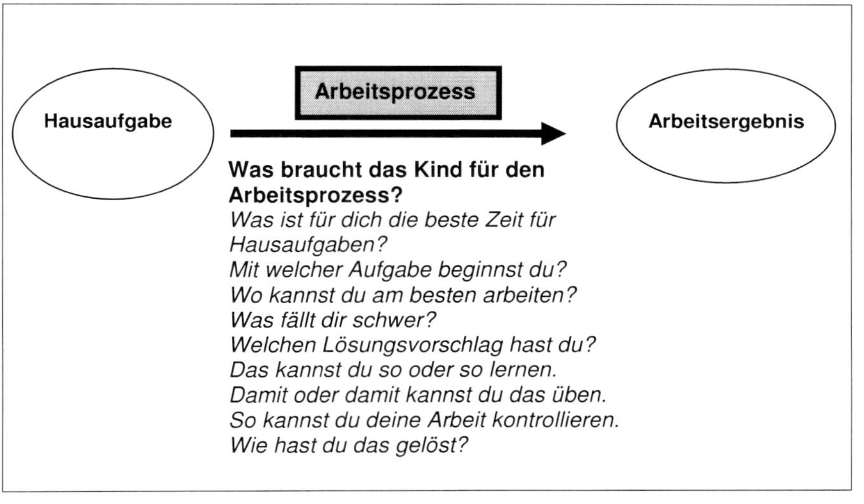

Abb. 3: Ergebnisorientierte Kontrolle

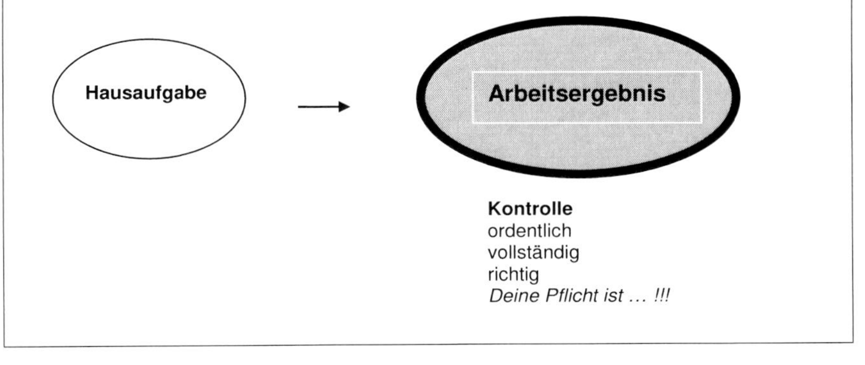

Die prozessorientierte Hilfe findet sich auch im individualisierten Unterricht und stellt sicher ein wesentliches Element von Lernzeiten dar.

Kontrollstrategien der Eltern, die den Verpflichtungscharakter von Hausaufgaben einseitig in den Vordergrund stellen, führen bei Kindern häufig zu einem inneren Rückzug und zu einer Informationsverweigerung über die schulische Situation. Besonders stark fällt diese Reaktion bei Kontrollen aus, die mit Strafen wegen schlechter Leistungen, speziell schlechter Noten, verbunden sind. Gute Leistungen werden nicht gewürdigt, schlechte aber sanktioniert. Dies mündet oft in einem Teufelskreis. Das Kind zieht sich zurück und verweigert Informationen, wird unselbstständiger und misserfolgsängstlich. Es zweifelt immer mehr an seinen Fähigkeiten. Deshalb verstärken die Eltern den Druck, worauf sich das Kind noch mehr zurückzieht. Der Konflikt eskaliert und ist oft nur noch mit Hilfe von außen aufzulösen (Kaufmann/Wach 2010, 134-137).

Abb. 4: Teufelskreis einer ergebnisorientierten Kontrolle mit Druck und Strafen

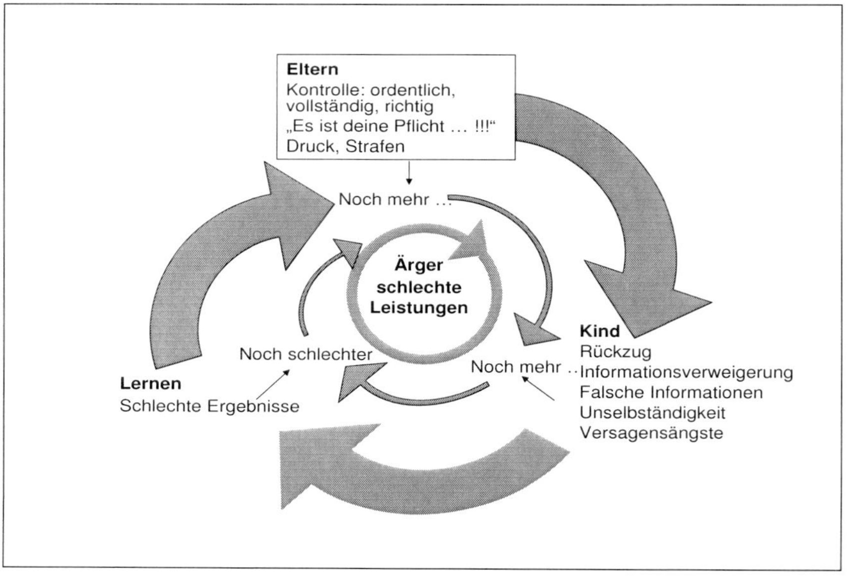

Das Motiv einer primär ergebnisorientierten Sicht von Hausaufgaben wird im folgenden Kapitel beleuchtet.

1.3 Hausaufgaben aus Sicht der Eltern

Eltern berichten immer wieder von Schwierigkeiten und häuslichen Konflikten wegen Hausaufgaben. Trotzdem will kaum jemand auf Hausaufgaben verzichten. Das erfahren besonders ganztägig arbeitende Schulen, die die Hausaufgaben in die Schule verlagern oder ganz abschaffen. Wie kommt es zu dieser ambivalenten, an Hassliebe grenzenden Haltung?

Abb. 5: Hausaufgaben – das Fenster zur Schule

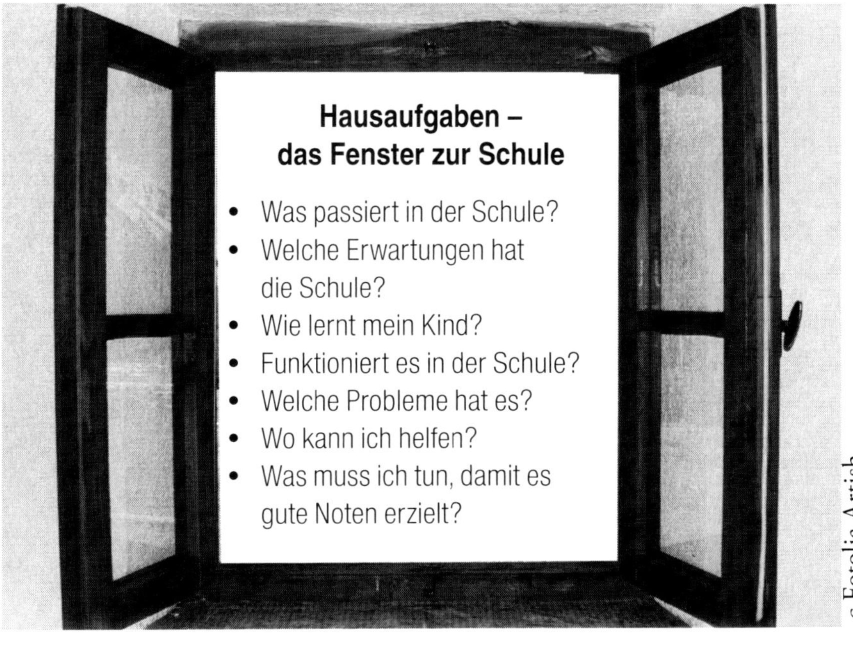

c Fotolia Artish

Hausaufgaben sind für Eltern das Fenster zur Schule. Sie haben ein berechtigtes Interesse zu wissen, was dort passiert und wie ihre Kinder lernen. Viele befürchten, nicht rechtzeitig von Lernproblemen zu erfahren. Sie wollen eingreifen, bevor Noten erzielt werden, die nicht ihren Erwartungen entsprechen.

Die Sorge der Eltern ist nicht unberechtigt, stellt doch die IGLU-Untersuchung fest, dass deutsche Eltern sich im Vergleich zu anderen europäischen Staaten mit Abstand am wenigsten über die Leistungen ihrer Kinder informiert fühlen (Lankes u. a. 2003, 61). Dass die Zusammenarbeit von Lehrkräften und Eltern in Deutschland viel zu gering auch im Vergleich zu anderen Ländern ist, wird durch eine weitere Untersuchung bestätigt (Wild 2004, 37-64). Hier besteht dringender Handlungsbedarf seitens der Schulen.

Abb. 6: Information – Kommunikation – Zusammenarbeit (aus: Landwehr 2010, 14)

Viele Eltern zweifeln, ob die Schule genügend fördernd unterstützt, sobald Lerndefizite auftreten. In der Grundschule sind zwar selektive Elemente nicht so stark ausgeprägt wie in der Sekundarstufe, aber sie genügen, um das Vertrauen der Eltern zu schmälern. Sie nehmen das Fördern lieber selbst in die Hand oder übertragen es an ein Nachhilfeunternehmen.

Bei einer Befragung des Bundesinstituts für Bevölkerungsforschung gaben 83 % der Frauen und 71 % der Männer an, dass Mütter nachmittags zu Hause sein sollten, um ihren Kindern beim Lernen zu helfen (Gründler u. a. 2013, 17). Mütter fungieren damit quasi als Reparaturinstitution der Schule. Was die Schule nicht leistet oder nicht leisten kann, wollen Mütter nachmittags richten. Schulische Mängel, aber auch übertriebener Ehrgeiz, ja „das Beste" aus dem Kind herauszuholen, unterlaufen gesellschaftspolitisch gewollte Freiräume. Müttern wird es erschwert, selbst zu entscheiden, in welchem Umfang sie berufstätig sein wollen.

Die Ganztagsschule müsste in die Lage versetzt werden, die Leistungen zu erbringen, die man mit Recht von Schule erwarten kann. Kinder könnten nach Hause kommen und hätten ihr Lernpensum erledigt. Finanziell schwächer gestellte Familien und Alleinerziehende, die sich weder Nachhilfe noch eine Reduzierung der Berufstätigkeit auf den Vormittag leisten können, wären dann nicht mehr benachteiligt. Das Geld für Bildungsgutscheine und andere staatliche Unterstützungen wäre in der Ganztagsschule besser angelegt.

Wegen des Übergangs in weiterführende Schulen nimmt für Eltern im Laufe der Grundschulzeit die Bedeutung von Noten immer mehr zu. Gute Noten sind für sie der Schlüssel für die Schulwahl. Vor diesem Hintergrund wächst den Hausaufgaben gegenüber den Eltern eine Ersatzfunktion zu. Sie werden zum diagnostischen Instrument, mit dem Eltern erfahren wollen, was ihr Kind kann, was es nicht kann und wo sie glauben helfen zu müssen, damit gute Noten erzielt werden (Kaufmann/Wach 2010, 131-141).

Nicht das Lernen des Kindes steht im Vordergrund, sondern das Ziel, die schulischen Erwartungen zu erfüllen, zumindest was man dafür hält. Man will keinen schlechten Eindruck bei der Lehrkraft hinterlassen und negativen Rückschlüssen auf die häusliche Situation vorbeugen. Bei dieser ergebnisorientierten Intention geraten individuelle Fortschritte, Lernprozesse sowie Bedürfnisse des Kindes, um Lernprozesse gut durchlaufen zu können, aus dem Blick. Es zählen in erster Linie die Noten.

Abb. 7: Hilfe?

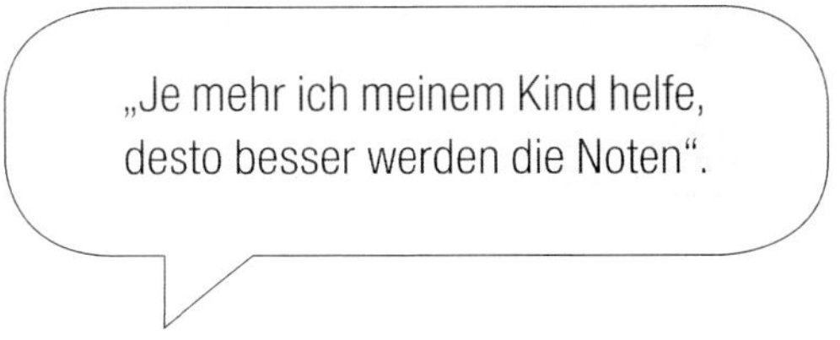

Viele glauben, je mehr sie dem Kind helfen, desto besser würden die Noten. Dass Hilfe *hilft,* scheint auf der Hand zu liegen. Doch das Gegenteil ist der Fall. Sobald ein gewisses Maß überschritten ist, fallen die Noten umso schlechter aus, je mehr die Eltern dem Kind helfen. Hilflosigkeit und mangelndes Selbstvertrauen sind der Lernerfolg (Trudewind o. J., 13-14). Wie sollen auch Kinder alleine Leistungsüberprüfungen bewältigen, wenn bei den Hausaufgaben ständig ein Elternteil danebensitzt. *Zu Hause hat mein Kind das aber gekonnt!* ist ein seit Jahrzehnten immer wieder gehörter Einwand. Manche häusliche Hilfen arten zu einem Parallelunterricht aus. Warum soll ein Kind dann noch in der Schule mitarbeiten, wenn es zu Hause alles noch einmal erklärt bekommt?

Auch eine Untersuchung aus der Schweiz bestätigt, dass sich elterliche Einmischung und Kontrolle bei den Hausaufgaben besonders negativ auf die Schulleistungen auswirken (Niggli u. a. 2007, 1-14).

Abb. 8: Hilfe – Nein danke!

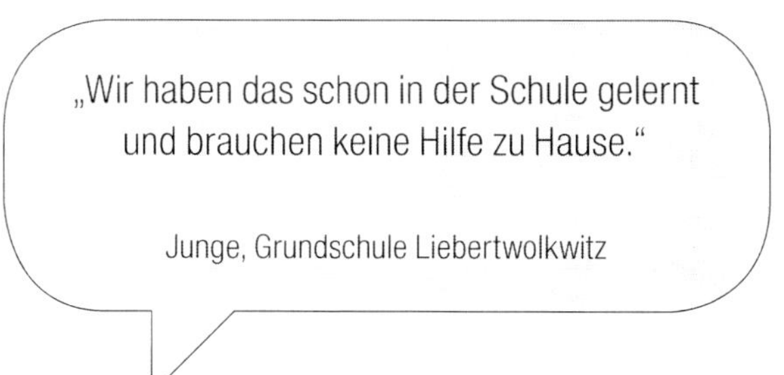

Ein häuslicher Konflikt entsteht, wenn zu dieser Ergebnisorientierung noch ein stark norm- und regelorientiertes Pflichterfüllungskonzept kommt, das in einem strengen Kontrollverhalten mündet, welches umso intensiver auf das Kind einwirkt, je weniger es in der Schule funktioniert. Rückzug und Informationsverweigerung als Reaktionen des Kindes wurden oben schon beschrieben.

Dramen spielen sich im häuslichen Bereich ab, wenn folgende Kriterien für eine erfolgreiche Hausaufgabe einen ausschließlichen und überzogenen Stellenwert erhalten: *ordentlich, vollständig und richtig*. Das nochmalige Schreiben von Hausaufgaben, die diesen Kriterien nicht genügen, wird dann als notwendige Erziehungsmaßnahme erachtet.

Eltern sehen in der schulischen Hausaufgabenbetreuung zunächst eine Entlastung, weil das Problem aus der Familie herausverlagert wird. Was zu Hause nicht funktioniert, soll die Schule richten (Kaufmann/Wach 2010, 138).

Aber ordentlich, vollständig und richtig sind auch Kriterien, deren Durchsetzung viele Eltern von Hausaufgabenbetreuung fordern. Das soll dort nötigenfalls auch mit Kontrolle und Druck erreicht werden. Das Angebot wird als nachlässig und unzureichend bewertet, wenn sie am Abend noch korrigieren müssen oder noch Resthausaufgaben zu erledigen sind, weil das Kind nicht fertig wurde. Die Frage kommt auf: Wozu dann eine Hausaufgabenbetreuung (Kaufmann 2013, 31)? Hier liegen strukturelle Schwächen der Hausaufgabenbetreuung, die abgemildert, aber nicht überwunden werden können.

Bei individuellen Lernzeiten stellt sich das Problem Resthausaufgaben nicht. Eltern sehen sich dadurch zwar entlastet, viele bemängeln aber nun, keinen Einblick mehr in den Schulalltag ihrer Kinder zu haben. Die Schule muss deshalb über neue Möglichkeiten nachdenken, wie Eltern partizipieren können. Dies ist noch aus einem anderen Grund notwendig. Bei pädagogischen Innovationen und Konzepten kann eine Akzeptanz nur erwartet werden, wenn Eltern mit im Boot sind (Kaufmann 2013, 28-38). Sonst rücken Strukturen in den Interessenbereich, anhand derer das Kind gut funktionieren soll, besonders im Hinblick auf Noten und auf den Übergang in eine weiterführende Schule. Statt Selbstregulation des Kindes dominieren Druck, Kontrolle und Strenge in den Erwartungen an die Schule.

1.4 Hausaufgaben aus Sicht der Lehrkräfte

Abb. 9: Erwartungen von Lehrkräften

Die große Mehrheit von Lehrkräften erwartet, dass Kinder bei den Hausaufgaben Selbstständigkeit und Eigenverantwortung lernen. Auch Josef Kraus, Präsident des Deutschen Lehrerverbandes (DL), begründet den Sinn von Hausaufgaben: „Für schwächere Schüler aber sind Hausaufgaben unerlässlich, nämlich als Chance zum nachträglichen Verstehen und Einüben. Hausaufgaben haben zudem den Zweck, dass Schüler eigenständiges und eigenverantwortliches Arbeiten lernen. Und den Lehrern zeigen die Hausaufgaben, was Schüler verstanden haben, was sie gegebenenfalls nicht verstanden haben und wo noch unterrichtlicher Klärungsbedarf besteht“ (Kraus 2008).

Diese Begründung wirft folgende Fragen auf:

- Findet diese Sinngebung eine Entsprechung im Unterricht?
- Haben schwächere Schüler auch im Unterricht eine Chance zu (nachträglichem) Verstehen und Einüben durch differenzierte Arbeitsweisen?
- Wird eigenständiges und eigenverantwortliches Arbeiten im Unterricht ge-

lernt oder wird ein so immens wichtiges Ziel in den häuslichen Bereich ausgelagert?

Wenn dort aber Schülerinnen und Schüler die Hausaufgaben gar nicht selbstständig bewältigen können, kommen in den meisten Fällen aus bekannten Gründen die Eltern ins Spiel, was dem selbstständigen und eigenverantwortlichen Arbeiten nicht gerade förderlich ist.

Das Vertrauen, dass Lehrkräfte an den Hausaufgaben erkennen, wo noch unterrichtlicher Klärungsbedarf besteht, ist auch nicht besonders ausgeprägt. Zwar geben 89 % der Lehrkräfte an, die Hausaufgaben zu kontrollieren, doch nur 61 % kontrollieren die inhaltliche Richtigkeit (Standop 2011, 246-248).

Die Kontrolle bezieht sich im Wesentlichen auf Pflichterfüllung, weniger auf den Arbeitsprozess. Wird dieser dennoch aufgegriffen, entsteht im lehrerzentrierten Frontalunterricht zwangsläufig ein Zeitproblem, vor allem, wenn nicht in größeren Zeitblöcken gelernt wird, sondern Fachunterricht nach 45-Minuten-Einheiten getaktet ist. Gar nicht so selten bleibt dann nur noch Zeit für folgenden Ablauf:

- Hausaufgaben kontrollieren
- Defizite feststellen
- Nachbesprechung improvisieren
- Neue Unterrichtsinhalte kurz anreißen
- Neue Hausaufgaben zu den neuen Unterrichtsinhalten aufgeben
- Ende der *Unterrichts?*-Stunde.

Hier findet eine Auslagerung des Unterrichts in den häuslichen Bereich statt. Was Lehrkräfte in der Schule nicht schaffen, verlagern sie durch Hausaufgaben in den häuslichen Bereich.

Um Über- oder Unterforderungen zu vermeiden, halten 90 % der Lehrkräfte differenzierte Hausaufgaben zwar für erstrebenswert, aber nur 55 % tun es oder geben zumindest an, es zu tun. Es fehlt an richtigen Ideen. Offene Aufgabenformate werden größtenteils abgelehnt (Standop 2011, 222). Vorlieben und Stärken der Kinder, wie in Abbildung 1 aufgeführt, sind kaum bekannt. Kinder bevorzugen vorbereitende Hausaufgaben und engagieren sich nach unseren Erfahrungen dabei besonders stark. Dieses Potenzial wird allerdings wenig genutzt, denn 94 % aller Hausaufgaben dienen der Übung und Festigung, sind also nachbereitend und zudem noch arm an Übungsvariationen.

Abb. 10: Lehrkräfte kontrollieren Hausaufgaben (aus: Standop 2011, 248)

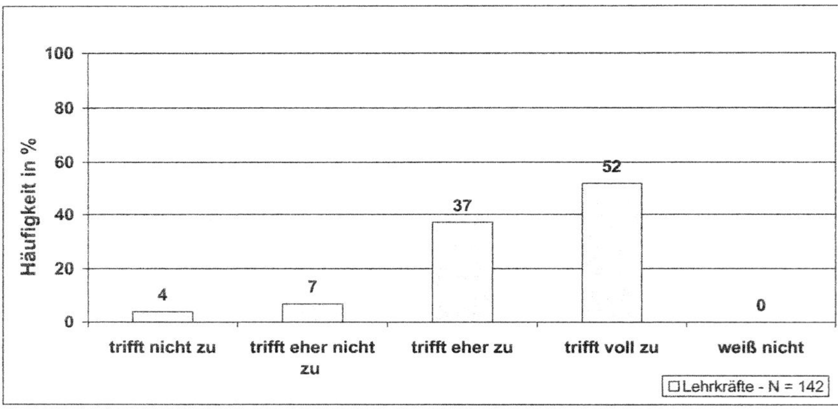

„Ich kontrolliere in jeder Unterrichtsstunde, ob alle Kinder ihre Hausaufgaben angefertigt haben.“

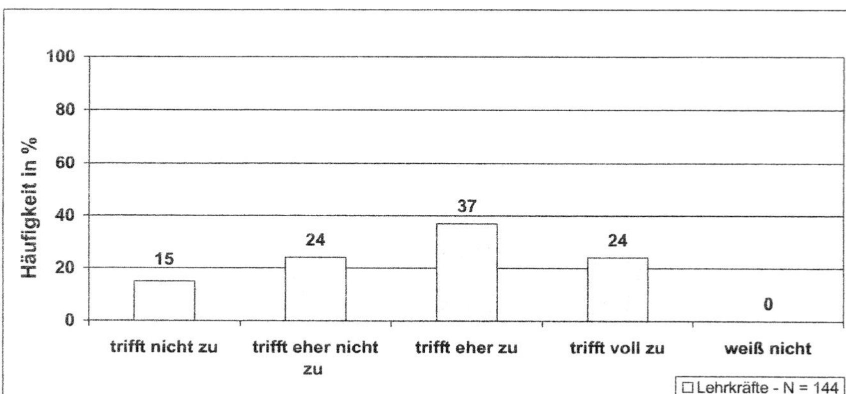

„Ich kontrolliere in jeder Unterrichtsstunde, ob alle Kinder ihre Hausaufgaben inhaltlich richtig haben.“

Lehrkräfte haben wenig Zutrauen in die kreativen Fähigkeiten der Kinder. Die allseits anerkannten Ziele Selbstständigkeit und Eigenverantwortung werden primär mit individuellen Lernformen erworben. Dafür fehlen aber vielen, auch aufgrund von Ausbildungsmängeln und Barrieren im Schulbereich (Oelkers 2009, 38), didaktische und methodische Kompetenzen. Deshalb werden Selbstständigkeit und Eigenverantwortung im Wesentlichen auf den häuslichen Bereich ausgelagert. Anspruch und Wirklichkeit klaffen weit auseinander. Um mit Goethe zu sprechen: *Die Ziele seh' ich wohl, allein mir fehlt das Können.*

Abb. 11: Anspruch und Wirklichkeit

Anspruch ⟷	Wirklichkeit
90% differenzierte Hausaufgaben	55% tun es
Selbständigkeit, Eigenverantwortung	Wenig Entsprechung im Unterricht Wenig offene Aufgabenformate Wenig vorbereitende Hausaufgaben
Erkennen, wenn etwas nicht verstanden wurde	Wie werden Hausaufgaben nachgesehen?

2.5 Knackpunkte – Konsequenzen

Knackpunkte

Verständnis von Lernen

- Eltern sind eher auf Lernergebnisse (ergebnisorientiert) fokussiert.
- Die Schule hat mehr den Lernprozess (prozessorientiert) im Blick.
- Eltern wollen die vermeintlichen Erwartungen der Schule erfüllen.

Ansatzmöglichkeiten

Klärung

- Verständnis von Lernen
- Erwartungen Schule - Eltern
- Möglichkeiten und Grenzen der häuslichen Unterstützung
- Bei Hausaufgabenbetreuung und bei Lernzeiten Kinder prozessorientiert unterstützen

Da Hausaufgaben eine große Bedeutung für Eltern haben, müssen sie bei der Konzeption von individuellen Lernzeiten mit im Boot sitzen. Eine Studie stellte fest, dass Eltern zur Zusammenarbeit bereit sind, wenn diese auf partnerschaftlicher Ebene geführt wird und sie sich in die Lösungssuche einbezogen fühlen. Leitend dabei ist die Frage: Wie kann ein Problem gemeinsam gelöst werden (Kaufmann 2007, 88-98 und 165-167)?

Ein besonderes Problem stellt das unterschiedliche Verständnis von Lernen und Üben dar. Für Eltern stehen die Lernergebnisse an oberster Stelle und sie glauben, dies sei auch bei Lehrkräften so. Allerdings ist deren Blick gerade in ganztägig arbeitenden Schulen mehr auf die Lernprozesse gerichtet. Deshalb sind die jeweiligen Erwartungen zu klären, um zu einem möglichst gemeinsamen Verständnis von Lernen und Üben zu gelangen. Daraus kann eine gemeinsame Einschätzung der Aufgaben von Eltern und Schule resultieren (Kaufmann 2013, 30).

Individuelle Lernzeiten erfordern Wege, um Eltern Lernfortschritte mitzuteilen und sie an der Förderung des Kindes in geeigneter Weise zu beteiligen. Wenn Eltern Einblick in die schulischen Anforderungen haben, wenn ihnen die Lernziele bzw. Kompetenzen vorliegen, fällt es ihnen leichter, die Lernfortschritte ihrer Kinder zu erkennen. Der Blick gerät dadurch auch etwas weniger auf die Noten als vielmehr auf die erreichten Kompetenzen.

Auch wenn der Übungseffekt von Hausaufgaben umstritten ist, kann deren Abschaffung nicht Verzicht auf Übung bedeuten. Die bisher auf die Hausaufgaben ausgelagerte Übung gehört nun in die Schule. Natürlich ist damit freiwilliges Üben zu Hause nicht ausgeschlossen. Es entsteht aber eine neue Qualität im Verhältnis Eltern – Schule.

Ganztagsschulen mit einer konsequenten Integration von Übungseinheiten stellen ein anderes Verständnis bei Kindern und Eltern fest. In den Klassen „entsteht ein Lern- und Arbeitsklima, das nicht mehr über eine Trennung von Unterricht und Üben bzw. Hausaufgaben bestimmt wird“ (Kaufmann 2013, 12). Voraussetzung ist allerdings eine gelingende Elternbeteiligung. Anstelle des Fensters *Hausaufgaben* tritt etwas Neues, womit Eltern erfahren, wie ihre Kinder in der Schule lernen.

Zu diesem Lern- und Arbeitsklima gehört auch, dass die Schule nicht erst dann fördert, wenn größere Lerndefizite entstanden sind. Defizite entstehen lassen,

Defizite diagnostizieren und schließlich Defizite wegfördern, ist ein aufwendiges und oft erfolgloses Verfahren, zumal es mit Stigmatisierung der Kinder verbunden ist, besonders wenn sie einem defizitorientierten Förderkurs zugewiesen werden.

Individuelles Lernen sollte vielmehr präventiv angelegt sein, das heißt, die Kinder finden Lernarrangements vor, mit denen sie ihre Potenziale ausschöpfen können. Dabei werden sie prozessorientiert unterstützt. Manchmal brauchen Kinder eben mehr Zeit, um einen Lernprozess zu bewältigen. Wird ihnen diese Zeit nicht gewährt, weil alle im Gleichschritt durch das Lernpensum marschieren müssen, entstehen Lücken, die später schwer zu beseitigen sind.

Knackpunkte

Eltern beklagen, dass ...

- sie Hilfslehrer der Schule sind
- Unterricht in das Elternhaus und in den Nachhilfeunterricht verlagert wird
- sie zu spät über Probleme informiert werden
- die Schule nicht rechtzeitig fördert

Ansatzmöglichkeiten

Die Schule schafft ...

- Transparenz von Zielen und Methoden des Lernens allgemein
- ein transparentes Konzept für Bewertung und Benotung
- Transparenz von klassenbezogenen Lernvorhaben
- ausreichend Lern-/Übungsmöglichkeiten
- Rückmeldeformen über den Verlauf von Lernprozessen
- Hospitationsmöglichkeiten für Eltern

Knackpunkt

- Kinder lehnen überwiegend fremdbestimmte Aufgabenstellungen ab.

Ansatzmöglichkeiten für Lernzeiten

- Vorlieben und Stärken der Kinder nutzen
- Offene Aufgabenformate berücksichtigen
- Aufgaben zur Vorbereitung des Unterrichts
- Spezialaufträge für Kinder mit besonderen Stärken

Letztlich verdienen die Hauptakteure, nämlich die Kinder, eine stärkere Beachtung. Ihre individuellen Stärken und Vorlieben können zum Lernen intensiver genutzt werden. Sollen in ganztägig arbeitenden Schulen Lernzeiten die traditionellen Hausaufgaben ablösen, wird man den Blick stärker auf die Kinder richten müssen, die dann nicht mehr nur Empfänger von Hausaufgaben sein können, sondern mit ihren Kompetenzen eine aktivere Rolle mit größeren Handlungsspielräumen erhalten müssen.

In ganztägig arbeitenden Schulen können bessere Bedingungen geschaffen werden, damit Kinder Selbstständigkeit und Eigenverantwortung lernen. Der Tagesablauf ist entschleunigt. Größere Zeitblöcke ermöglichen einen offeneren Unterricht, in dem sich individuelle Lernformen entfalten können. Dadurch werden Kinder befähigt, mit individuellen Lernzeiten sinnvoll umzugehen. Wie damit traditionelle Hausaufgaben abgelöst werden können, sollen die folgenden Praxisbeispiele zeigen. Man darf gespannt sein, wie es den Schulen gelingt, Anspruch und Wirklichkeit in Übereinstimmung zu bringen.

2. Diskussionslinien zum Thema Hausaufgaben

2.1. Ganztagsschule als Chance für eine veränderte „(Haus-)Aufgabenkultur"

Mit dem Investitionsprogramm „Zukunft, Bildung und Betreuung" (IZBB) förderte die Bundesregierung in den Jahren 2003 bis 2009 mit über 4 Milliarden Euro den Auf- und Ausbau von über 8.000 Schulen in Deutschland. Zum einen sollten zusätzliche Plätze an bestehenden Ganztagsschulen geschaffen werden, zum anderen sollte die qualitative Weiterentwicklung von Ganztagsschulen vorangetrieben werden. Fragen der inhaltlichen Ausgestaltung (zum Beispiel, welche Schulformen und Schulen bevorzugt gefördert werden sollten oder die Frage der Personalausstattung) wurden in den einzelnen Ländern diskutiert, bearbeitet und beschlossen.

Von dem Auf- und Ausbau der Ganztagsschulen erhoffte man sich:

- mehr *Chancengerechtigkeit,* eine Verringerung der Abhängigkeit des Bildungserfolgs von der sozialen Herkunft u. a. durch bessere Rahmenbedingungen für unterrichtliches und außerunterrichtliches Lernen;
- mehr *Familienfreundlichkeit* aufgrund einer besseren Vereinbarkeit von Familie und Beruf durch qualitativ hochwertige und flexible ganztägige Bildungs- und Betreuungsangebote;
- bessere *Bildung,* da der erweiterte Zeitrahmen in der Ganztagsschule die Möglichkeit für eine veränderte Lernkultur mit individualisierten Lern-, Übungs- und Förderformen bietet (http://www.ganztagsschulen.org/de/868.php).

Gerade auch im Hinblick auf den letztgenannten Aspekt stellt sich die Frage, wie hoch der Lerngewinn überhaupt noch ist, der mit gleichen Hausaufgaben für alle erzielt werden kann.

2.2. Hausaufgaben im Spiegel ihrer Diskussion – eine Skizze

Das Thema „Hausaufgaben" wird nicht nur bei Praktikern, sondern auch im theoretischen Diskurs der (Schul-)Pädagogik vielgestaltig und teilweise auch kontrovers diskutiert. Bereits Mitte der 1960er Jahre entstanden erste Forschungsprojekte, die sich mit der Effektivität und dem pädagogischen „Nutzen" von Hausaufgaben auseinandersetzten und untersuchten, ob das tägliche Wiederholen und Üben der Lerninhalte wirklich zu einer Steigerung der Schülerleistungen führe. Mit Bezug auf und in Auseinandersetzung mit diesen Studien bildeten sich sowohl befürwortende als auch kritische Stimmen heraus (Kaufmann 2013, 3):

Befürworter betonen immer wieder, dass Hausaufgaben zusätzliche Lern- und Übungsgelegenheiten darstellen und somit eine Steigerung der Schülerleistungen bewirken. Neben diesem Leistungsargument wird zudem hervorgehoben, Hausaufgaben erzögen zur Sorgfalt und Ausdauer, sie förderten die Selbstständigkeit sowie den Aufbau von Arbeitstechniken und Lernstrategien.

Die Gegner argumentieren hingegen, dass schwächere Schüler/-innen sowie Schüler/-innen aus ungünstigeren familiären Verhältnissen durch Hausaufgaben benachteiligt würden, da ihre Eltern sie weniger unterstützen könnten. Darüber hinaus sei überhaupt fraglich, ob Hausaufgaben eine leistungssteigernde Wirkung hätten (Lipowsky 2004, 40).

Insgesamt lässt sich konstatieren, dass die Forschungsbefunde ein „uneinheitliches" Bild liefern, das als solches beiden Seiten Argumente bietet.

So konnten einige Untersuchungen zwar nachweisen, dass regelmäßige Hausaufgaben mit positiven Effekten bei den Schulleistungen einhergehen, andere Studien wiederum belegen, dass zu viele Hausaufgaben sogar eine gegenteilige Wirkung haben, insofern sie die Motivation der Kinder beeinträchtigen und negative Auswirkungen auf die Leistungsentwicklung wie auch die Lernhaltung haben können.

In den 1980er Jahren steht im Zentrum des wissenschaftlichen Interesses, wie Hausaufgaben in Familien zu einem alltäglichen Konflikt- und Streitpunkt werden und wie stark diese Spannungen die Familienatmosphäre beeinträchtigen können. Auch die aktuelle DJI-Studie verdeutlicht, dass die täglichen Auseinandersetzungen um die Erledigung der Hausaufgaben sowohl von den Eltern als auch von den Kindern oft als große Dauerbelastung empfunden werden. So stark die Hausaufgaben auch das Familienleben beeinflussen mögen, so wichtig wird die Elternbeteiligung in der Hausaufgabenforschung eingeschätzt. Stellt die Zusammenarbeit von Lehrkräften und Eltern doch eine wichtige Voraussetzung dar, um für die Kinder Lernbedingungen zu schaffen, derer sie bedürfen.

In den 1990er Jahren eher von randständiger Bedeutung, rückt das Thema seit etwa 15 Jahren wieder verstärkt in den Fokus der Forschung.

In der schulpädagogischen und didaktischen Literatur taucht das Thema hingegen kaum auf. Britta Kohler bezeichnet die Hausaufgaben daher „als das Stiefkind der Unterrichtsentwicklung“ und stellt fest, dass sie in Büchern zu Schule und Unterricht häufig gar nicht vorkommen, obgleich sie vor allem an Halbtagsschulen oder offenen Ganztagsschulen sehr viel nachmittägliche Zeit in Anspruch nehmen, eine hohe Belastung für das Familienleben darstellen und viel Ärger und Unehrlichkeit in die Schule hineintragen, z. B. durch Täuschungsstrategien der Schüler/-innen (Kohler 2013, 6).

Gerade die Ganztagsschule bietet mit ihrem erweiterten Schulalltag ideale Bedingungen, um neue Modelle und Möglichkeiten zu den klassischen Hausaufgaben zu entwickeln und entsprechende (innovative) Wege einzuschlagen.

Insbesondere in den Grundschulen lässt sich diesbezüglich ein Umdenken beobachten. Immer mehr Schulen verlagern die Hausaufgaben nicht einfach nur in die Schule, sondern richten Lern- und Übungszeiten ein, die inhaltlich eng mit den Unterrichtsinhalten verzahnt sind, oder sie verzichten im Zuge der Schaffung eines umfassenden individualisierten Lernens sogar ganz auf Hausaufgaben, da das Lernen, insbesondere das Üben und Wiederholen, zu einem selbstverständlichen Teil des Unterrichts geworden ist.

3. Modelle – von Hausaufgaben zu individuellen Lernzeiten

Zu Hausaufgaben und Lernzeiten gibt es in der Praxis von Schulen unterschiedliche Ausformungen, resultierend aus den jeweiligen Ressourcen und pädagogischen Konzepten. Wir zeigen im Folgenden vier Modelle, zu denen es allerdings noch Zwischenformen gibt, die der Übersicht halber hier nicht dargestellt werden.

Individuelle Lernzeiten finden sich im 3. und 4. Modell, wobei im letzten die individuellen Lernzeiten vollkommen im Unterricht aufgegangen sind und weder im Stundenplan noch sonst wo eigens ausgewiesen werden.

Von Modell 1 bis Modell 3 wird eine Entwicklung von Hausaufgaben zu individuellen Lernzeiten skizziert. Modell 4 steht zwar am Ende, was aber nicht heißen soll, dass damit die Spitze der pädagogischen Evolution erreicht sei. Entscheidend ist vielmehr die Qualität der Umsetzung bei Modell 3 und 4.

Verfolgt man das Für und Wider zu Hausaufgaben, gewinnt man den Eindruck, ob zu Recht oder nicht, die Schulen hätten bisher das Üben mit den Hausaufgaben ausgelagert, so als seien Unterricht und Üben zweierlei. Letztlich läuft dieses Verständnis auf eine Trennung von Lernen und Üben hinaus, was natürlich jeder Definition von Lernen widerspricht. Es wäre deshalb auch falsch von individuellen Übungszeiten, statt von individuellen Lernzeiten zu sprechen. Üben ist Teil des Lernens und gehört somit selbstverständlich zu individuellen Lernzeiten. Insofern ist die Behauptung falsch, mit individuellen Lernzeiten würden Schulen das Üben abschaffen.

Diese begriffliche Klarheit ist sehr wesentlich, wenn in der Schulgemeinde Akzeptanz für individuelle Lernzeiten anstatt Hausaufgaben erzielt werden soll.

Für das *Üben* sind individuelle Bedürfnisse allgemein anerkannt, während man das *Lernen* eher mit Homogenität verbindet: alle zur gleichen Zeit das Gleiche. Der Begriff *Individuelle Lernzeit* beinhaltet dagegen, dass nicht nur *Üben,* sondern das ganze *Lernen* individuelle Prozesse sind.

Abb. 1: Halbtagsschule: Externes Modell
Trennung von **Schule** und Üben bzw. Hausaufgaben

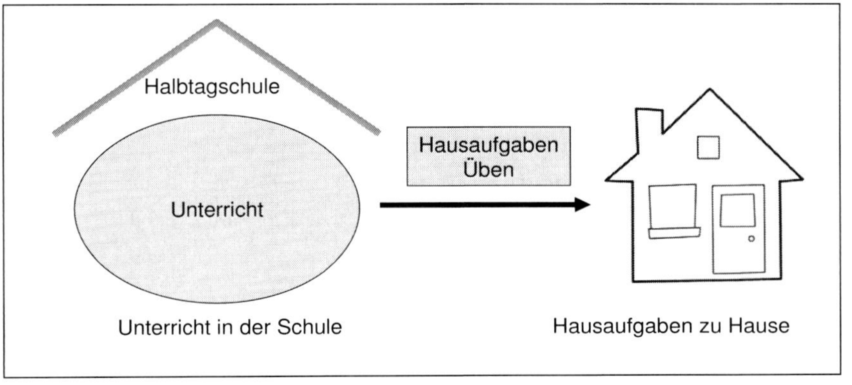

Das Üben wird zumindest teilweise über die Hausaufgaben aus dem Unterricht in den häuslichen Bereich ausgelagert. Üben wird nicht als fester Bestandteil des Lernens gesehen, getreu dem Motto: „In der Schule wird gelernt, zu Hause wird geübt."

Abb. 2: Ganztagsschule: Additives Modell
Trennung von **Unterricht** und Üben bzw. Hausaufgaben

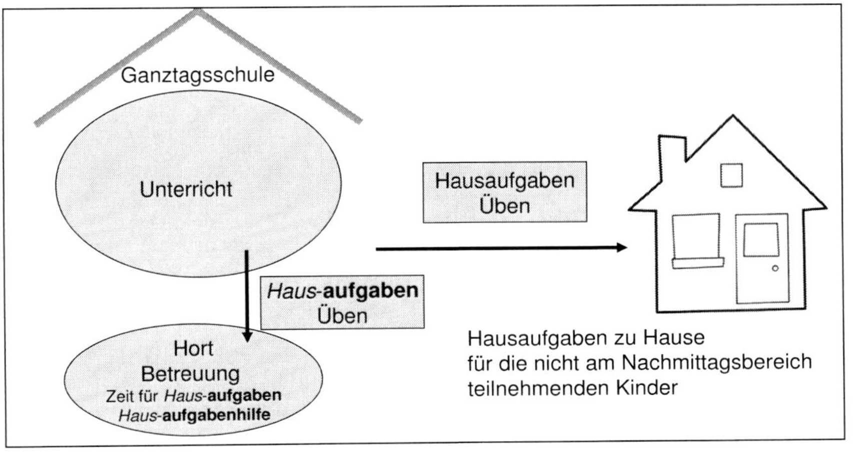

Das Üben wird zumindest teilweise über die *Haus*-**aufgaben** in den Nachmittagsbereich der ganztägig arbeitenden Schule verlagert. Üben wird nicht als fester Bestandteil des Unterrichts gesehen. An der Struktur der Hausaufgaben ändert sich nichts. Für die am Nachmittagsbereich teilnehmenden Kinder sind die *Haus*-**aufgaben** in die Schule verlagert, für die anderen nicht.

Abb. 3: Ganztagsschule: Teilintegratives Modell
Trennung von Unterricht und Üben ist weitgehend aufgehoben

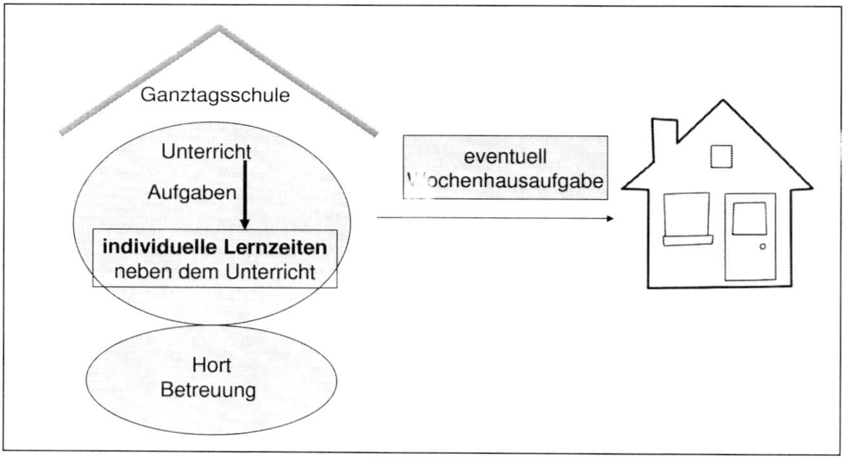

Die individuellen Lernzeiten stehen neben dem Unterricht und werden im Stundenplan gesondert ausgewiesen. Die Kinder erhalten ein differenziertes oder auch individuelles Aufgabenpensum für die Lernzeiten.

Abb. 4: Ganztagsschule: Integratives Modell
Vollständige Integration von Unterricht und Üben

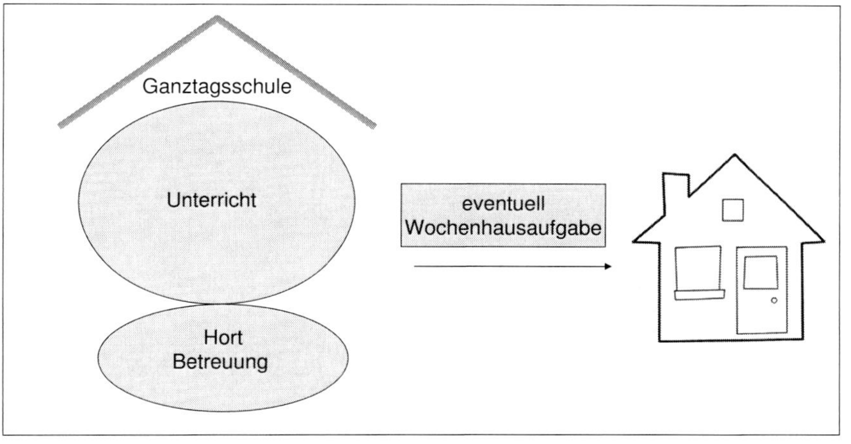

Die Übungsfunktion ist vollkommen im Unterricht aufgegangen. Der rhythmisierte Schultag bietet mehr Zeit zum Lernen über die Stundentafel hinaus. In Form einer Wochenhausaufgabe können in kleinem Rahmen noch besondere Aufträge zur Unterrichtsvorbereitung und zu spielerischen Übungen erteilt werden. Der Begriff *Hausaufgaben* wird nur noch in diesem Zusammenhang benötigt.

Bei den Good-Practice-Beispielen im folgenden Kapitel beschränken wir uns auf die Modelle 3 und 4, die für die Schulentwicklung am interessantesten sind. Die Beispiele 1 und 4 beschreiben Ganztagsschulen mit teilintegrativem Modell. Die Beispiele 2, 3, 5 und 6 zeigen Schulen mit integrativem Modell.

Die Zuordnung dieser Schulen soll beispielhaft verstanden werden, keinesfalls als Kopiervorlage. Die beiden Modellkategorien lassen auch andere Ausgestaltungen zu, die sich nach den jeweiligen Gegebenheiten vor Ort richten müssen.

4. Lernzeiten – Good-Practice-Beispiele

1. Friedrich-Wöhler-Schule, Kassel
2. Grundschule Comeniusstraße, Braunschweig
3. Grundschule Liebertwolkwitz, Leipzig
4. Willemerschule, Frankfurt am Main
5. Freiherr-vom-Stein-Schule, Rodgau
6. Stadtschule Bad Oldesloe

4.1 Individuelle Lernzeiten an der Friedrich-Wöhler-Schule in Kassel

4.1.1 Daten zur Schule

Schulleiterin: Daniela Schinke
Friedrich-Wöhler-Schule (Grundschule mit auslaufender Sekundarstufe I)
Philosophenweg 9
34121 Kassel
Telefon: 0561-21172
Fax: 0561-2888590
E-mail: poststelle@woehler.kassel.schulverwaltung.hessen.de
Homepage: http://www.friedrichwoehlerschule.de/

Zahlen:

- 190 Schülerinnen und Schüler
- 11 Lehrerinnen und Lehrer
- 2 Diplom-Sozialpädagoginnen
- 1 Schubs-Kraft (= Schulbezogene Sozialarbeiterin)
- 7 Erzieher/-innen im Hort
- Verschiedene außerschulische Partner

Blitzlichter

- Flexibler Schulanfang
- Klassen 1 bis 4 jeweils vierzügig
- Jahrgangsgemischter Unterricht in den Klassen 1 und 2 (Stufe I) und den Klassen 3 und 4 (Stufe II) partiell
- 92 % der Schülerinnen und Schüler bleiben ganztägig in der Schule
- In die Schule integrierter Hort

- Pädagogische Mittagsbetreuung und Hort arbeiten in der Kernzeit bis 15.00 Uhr zusammen
- Eltern haben die Möglichkeit, ihre Kinder für unterschiedliche Betreuungsformen verschiedener Länge anzumelden. In drei Hort-II-Gruppen wird eine Betreuung bis 17.00 Uhr angeboten
- Rhythmisierter Tag (offener Anfang, Morgenkreis, 40-Minuten-Lernblöcke, „Indi-Zeit" etc.)
- Individualisierter Unterricht, Wochenplanarbeit (Tagesplan), Plenum (frontale Phasen), Gesprächsphasen, freie Arbeitszeit, Lernen an Stationen, Werkstattarbeit, Themen- und Projektarbeit
- Regelmäßige Kinderkonferenzen und Klassenrat

4.1.2 Die Entwicklung der Friedrich-Wöhler-Schule

Infolge sinkender Schülerzahlen entwickelt sich die verbundene Grund-, Haupt- und Realschule seit einigen Jahren zu einer reinen Grundschule.

Dies stellt für die Schule eine Herausforderung und Chance zugleich dar: Zum einen laufen die Jahrgänge 5 bis 10 aus, zum anderen nahm die Grundschule dies zum Anlass, sich zu einer ganztägig arbeitenden Schule zu entwickeln. Dieser Weg wurde von Anfang an in enger Kooperation mit dem Kinderhaus Landaustraße beschritten. In diesem Hort, der in der Schule untergebracht ist, arbeiten die Erzieher/-innen seither eng mit der Schulleitung, den Lehrer/-innen, wie auch mit den Sozialpädagoginnen der Grundschule zusammen.

4.1.3 Rhythmisierung als Chance für eine veränderte (Haus-)Aufgabenpraxis

Der Veränderungsprozess motivierte die Grundschule zu einer grundlegenden Prüfung und Neugestaltung ihrer pädagogischen Konzeption. Schulleitung, Lehrer/-innen und weitere pädagogische Mitarbeiter/-innen erarbeiteten unter Einbeziehung von Eltern ein integratives und ganzheitliches Konzept von Bildung, Erziehung und Betreuung. Dies ging mit einer Abkehr von den traditionellen Schulstunden im 45-Minuten-Takt und der Einführung einer lerngerechten Rhythmisierung einher, die sich durch ein ausgewogenes Verhältnis von

Lern- und Freizeitblöcken sowie Phasen individueller Lernzeiten auszeichnet. Unterrichts- und Betreuungsphasen sind aufeinander abgestimmt und durch Pausen und Zeiten für ein Frühstück aufgelockert, die den Kindern Bewegung und Erholung ermöglichen.

Die nachfolgenden Abbildungen verdeutlichen den Tagesablauf der Grundschule für die Schüler/-innen der Klassen 1 und 2 sowie der Klassen 3 und 4. Dieser besteht aus einem offenen Anfang ab 7.30 Uhr, einem Morgenkreis und zwei Lernblöcken, die von einem 10-minütigen Frühstück und einer halbstündigen Pause entzerrt werden. Im Anschluss an die zweite große Pause gehen die Kinder in eine individuelle Lernzeit (intern „Indi-Zeit" genannt), welche die klassischen Hausaufgaben ersetzt und in der die Kinder – je nach ihrer Neigung und ihrem persönlichen Entwicklungs- und Leistungsstand – arbeiten und lernen.

Abb. 2: Rhythmisierter Tagesablauf Stufe I (Klassen 1 und 2)

Zeit	Was	Wer
7.30 - 8.00 Uhr	Offener Anfang	Lehrer/-innen, Sozialpädagogin Flex, Praktikanten
8.00 - 9.20 Uhr	I. Block 80 Min.	Lehrer/-innen, Sozialpädagogin Flex, Praktikanten
9.20 - 9.30 Uhr	Frühstück	Lehrer/-innen, Sozialpädagogin Flex, Praktikanten
9.30 - 10.00 Uhr	Pause	Lehrer/-innen
10.00 - 11.20 Uhr	II. Block 80 Min.	Lehrer/-innen, Sozialpädagoginnen, Erzieher/-innen, Praktikanten
11.20 - 11.40 Uhr	Pause	Lehrer/-innen und Erzieher/-innen
11.40 - 12.20 Uhr	2 x die Woche Individuelle Lernzeit, 1x Schulaufgaben, Förderung, 1x die Woche Klassenrat, Kinderkonferenz	Lehrer/-innen, Sozialpädagoginnen, Erzieher/-innen, Praktikanten

12.20 – 14.00 (13.30) Uhr	Mittagspause, offene Angebote, freie Zeit (wenige Angebote nur für Stufe I ab 13.00 Uhr, z. B. JEKI)	Lehrer/-innen, Sozialpädagoginnen, Erzieher/-innen, 400-Euro-Kräfte, Praktikanten
14.00 – 15.00 Uhr	Angebote und dienstags Projektnachmittag (alle Kinder der Grundschule)	Sozialpädagoginnen Ganztag, Erzieher/-innen, 400-Euro-Kräfte, Lehrkräfte, Praktikanten, Spielhaus
ab 15.00 Uhr	Betreuung – Angebote Hort, Spielhaus	Erzieher/-innen des Hortes, Spielhaus

Abb. 3: Rhythmisierter Tagesablauf Stufe II (Klassen 3 und 4)

Zeiten	Was	Wer
7.30 – 8.00 Uhr	Offener Anfang, 1x 30 Min.: DAZ*, LRS** und Rechentraining	Lehrer/-innen, Sozialpädagogin Flex, Praktikanten
8.00 – 9.20 Uhr	I. Block 80 Min.	Lehrer/-innen, Sozialpädagogin Flex, Praktikanten
9.20 – 9.30 Uhr	Frühstück	Lehrer/-innen, Sozialpädagogin Flex, Praktikanten
9.30 – 10.00 Uhr	Pause	Lehrer/-innen
10.00 – 11.20 Uhr	II. Block 80 Min.	Lehrer/-innen, Sozialpädagoginnen, Erzieher/-innen, Praktikanten
11.20 – 11.40 Uhr	Pause	Lehrer/-innen und Erzieher/-innen
11.40 – 13.00 Uhr	III. Block 80 Min. Fachunterricht, individuelle Lernzeit (Schulaufgaben), 1x die Woche Klassenrat, Kinderkonferenz	Lehrer/-innen, Sozialpädagoginnen, Erzieher/-innen, Praktikanten
13.00 – 14.00 Uhr	Mittagspause, offene Angebote, freie Zeit (wenige Angebote nur für Stufe I ab 13.00 Uhr)	Lehrer/-innen, Sozialpädagoginnen, Erzieher/-innen, 400-Euro-Kräfte, Praktikanten

14.00 - 15.00 Uhr	Angebote und dienstags Projektnachmittag (alle Kinder der Grundschule)	Sozialpädagoginnen Ganztag, Erzieher/-innen, 400-Euro-Kräfte, Lehrkräfte, Praktikanten, Spielhaus
ab 15.00 Uhr	Betreuung - Angebote Hort	Erzieher/-innen des Hortes, Spielhaus

*DAZ = Deutsch für Ausländer und Zuwanderer
LRS = Lese-Rechtschreibförderung

4.1.4 Individuelle Lernzeit. Wie wird die Zeit für die „Indi-Zeit" gewonnen?

Das neue Tages-Raster der Grundschule lässt erkennen, dass aus den sechs bisherigen 45-minütigen Unterrichtsstunden nun zwei 80-minütige Unterrichtsblöcke gebildet wurden. Indem je zwei 45-Minuten-Stunden zu einem Lernblock zusammengezogen und zugleich die 90-Minuten-Blöcke auf 80-Minuten-Blöcke reduziert wurden, hat man je Unterrichtsblock zehn Minuten für die individuelle Lernzeit wie auch für den „Offenen Anfang" gewonnen.

Die individuelle Lernzeit ist im III. Block (40 Minuten) fest im Stundenplan verankert und endet für die Stufe I nach der 5. Stunde um 12.20 Uhr und für die Stufe II nach der 6. Stunde um 13.00 Uhr. Anschließend gehen die Kinder zum Essen und können sich danach unbelastet in den Freizeit- und Spielbereich der Schule begeben.

Abb. 4: Beispiel Wochenplan – Delfine Stufe I

Zeit	Montag	Dienstag	Mittwoch	Donnerstag	Freitag
7.30 - 8.00 Uhr	Offener Anfang	Offener Anfang	Offener Anfang	Offener Anfang	Offener Anfang
8.00 - 9.20 Uhr	Arbeitszeit Ms	Arbeitszeit Ms	Thema Ms	Religion/Ethik Ms	Arbeitszeit Ms
9.20 - 9.30 Uhr	Frühstück	Frühstück	Frühstück	Frühstück	Frühstück
9.30 - 10.00 Uhr	Pause	Pause	Pause	Pause	Pause

10.00 – 11.20 Uhr	Sport Kaf	Deutsch/ Musik Ms/Schi	Mathematik Ms	Kunst Ms	Thema gei
11.20 – 11.40 Uhr	Pause	Pause	Pause	Pause	Pause
11.40 – 12.20 Uhr	Individuelle Lernzeit Frau Maus Frau Braun	Individuelle Lernzeit Frau Maus Frau Braun	Individuelle Lernzeit Frau Maus Frau Braun	Klassenrat Frau Maus Frau Braun	Kinder-konfe-renz Frau Braun
12.30 – 13.30 Uhr	Mittagessen	Mittagessen	Mittagessen	Mittagessen	Mittagessen
13.30 – 14.00 Uhr	Offene Angebote	Offene Angebote	Offene Angebote	Offene Angebote	Offene Angebote
14.00 – 15.00 Uhr	Offene Angebote oder Hockey	Projekt-nachmittag	Offene Angebote oder Lauftreff	Offene Angebote oder Judo I oder Garten I	Offene Angebote oder Schwimmen (14-tägig bis 17.00 Uhr)
15.00 – 16.00 Uhr	Offene Angebote oder Kaffeezeit oder Yoga (14.30 – 15.30) oder Hortsport 15.30 – 16.30)	Offene Angebote oder Kaffeezeit oder Mädchenzeit/ Jungenzeit	Offene Angebote oder Kaffeezeit oder Fußball	Offene Angebote oder Kaffeezeit oder Judo II oder Garten II	Offene Angebote oder Kaffeezeit
16.00 – 17.00 Uhr	Offene Angebote	Offene Angebote	Offene Angebote	Offene Angebote	Offene Angebote

Päd/Hort I/Hort II: nur Hort I/Hort II: nur Hort II:

Abb. 5: Beispiel Wochenplan – Zwerge Stufe II

Zeit	Montag	Dienstag	Mittwoch	Donnerstag	Freitag
7.30 - 8.00 Uhr	Offener Anfang	Offener Anfang	Offener Anfang	Offener Anfang	Offener Anfang
8.00 - 9.20 Uhr	Morgenkreis/ Arbeitszeit	Thema	Thema	Arbeitszeit	Arbeitszeit
9.20 - 9.30 Uhr	Frühstück	Frühstück	Frühstück	Frühstück	Frühstück
9.30 - 10.00 Uhr	Pause	Pause	Pause	Pause	Pause
10.00 - 11.20 Uhr	Thema	Kunst	Englisch/ Arbeitszeit	Musik/ Deutsch	Religion/ Ethik
11.20 - 11.40 Uhr	Pause	Pause	Pause	Pause	Pause
11.40 - 12.20 Uhr	Sport	Englisch	Musik	Klassenrat	Individuelle Lernzeit Frau Knippschild Frau Neuvians
12.20 - 13.00 Uhr	Individuelle Lernzeit Frau Knippschild Frau Neuvians	Individuelle Lernzeit Frau Knippschild Frau Neuvians	Individuelle Lernzeit Frau Knippschild Frau Neuvians	Individuelle Lernzeit Frau Knippschild Frau Neuvians	Kinder-konferenz Frau Neuvians
13.20 - 14.00 Uhr	Mittagessen	Mittagessen	Mittagessen	Mittagessen	Mittagessen
14.00 - 15.00 Uhr	Offene Angebote oder Hockey	Projekt-nachmittag	Offene Angebote oder Lauftreff	Offene Angebote oder Judo I oder Garten I	Offene Angebote oder Schwimmen (14-tägig bis 17.00 Uhr)

15.00 - 16.00 Uhr	Offene Angebote oder Kaffeezeit oder Yoga (14.30 - 15.30 Uhr) oder Hortsport (15.30 - 16.30 Uhr)	Offene Angebote oder Kaffeezeit oder Mädchen-zeit/ Jungenzeit	Offene Angebote oder Kaffeezeit oder Fußball	Offene Angebote oder Kaffeezeit oder Judo II oder Garten II	Offene Angebote oder Kaffeezeit
16.00 - 17.00 Uhr	Offene Angebote	Offene Angebote	Offene Angebote	Offene Angebote	Offene Angebote

Päd/Hort I/Hort II: nur Hort I/Hort II: nur Hort II:

4.1.5 Ort, Häufigkeit und Dauer der „individuellen Lernzeiten"

Die „individuelle Lernzeit" findet im III. Lernblock im Klassenverband in den jeweiligen Räumen der Schüler/-innen statt. Hier haben die Kinder ihre festen Arbeitsplätze und Zugriff auf alle notwendigen Arbeitsmaterialien.

Die Kinder der Stufe I (Klassen 1 und 2) nehmen 3x pro Woche an der individuellen Lernzeit teil und alle zwei Wochen 4x, die Kinder der Stufe II (Klassen 3 und 4) hingegen 4x pro Woche und alle zwei Wochen 6x.

Während der 40-minütigen sog. „Indi-Zeit" arbeiten die Schüler/-innen an für sie persönlich wichtigen Bereichen der Wochenplanarbeit weiter oder sie üben und wiederholen bereits Gelerntes. Gelegentlich wird in dieser Zeit aber auch an Projekten gearbeitet, es werden neue Themen eingeführt oder es wird spielerisch gelernt etc.

4.1.6 Personal sowie Raum- und Sachausstattung

In der Regel werden die Schüler/-innen in der individuellen Lernzeit durch den jeweiligen Klassenlehrer und den ihm zugeordneten Bezugserzieher (d. h. stets in Doppelbesetzung) begleitet und betreut.

Abb. 6: Bezugsbetreuer als Berater und Lernbegleiter

Die Klassen 1 und 2 (Stufe I) sowie 3 und 4 (Stufe II) arbeiten in sogenannten Lernhäusern in jahrgangs- bzw. altersgemischten Gruppen zusammen.

Jeder Klasse ist ein Erzieher aus dem Hort oder ein Diplom-Sozialpädagoge fest als Bezugserzieher zugeordnet.

Abb. 7: Lernhäuser Stufe I und II

Stufe I	Möwen  **Frau Grebe** **Frau Mauke:** Musik, Religion	Delfine  **Frau Maus** **Frau Hardt:** Sport , Kunst **Frau Schinke:** Musik	Pinguine  **Frau Geißler** **Frau Knippschild:** Sport	Robben  **Frau Berninger** **Frau Kaftan:** Sport, Religion	Eisbären  **Frau Menneking** **Frau Mennigmann:** Musik, Religion
Bezugserzieherinnen und -erzieher	**Frau Trebing**	**Herr Lang**	**Herr Böth**	**Frau Hopfe**	**Frau Reuting**
Stufe II	**Phönixe**  **Frau Mauke** **Frau Grebe:** Sport	**Drachen**  **Fr. Hardt/ Fr. Schinke** **Frau Maus:** Religion	**Zwerge**  **Frau Knippschild** **Frau Geißler:** Kunst	**Einhörner**  **Frau Kaftan** **Frau Berninger:** Religion , Musik	**Kobolde**  **N.N.** **Frau Menneking:** Kunst
Bezugserzieherinnen und -erzieher	**Herr Pohl**	**Herr Mattis**	**Frau Otter**	**Fr. Schmidt** **Frau Bartram**	**N.N.**

Die Lehrkräfte arbeiten eng mit ihren Bezugserzieher/-innen zusammen, besprechen und beraten sich und teilen sich die Aufgaben, damit den Kindern eine bestmögliche individuelle Förderung zuteil wird.

Pro Klasse arbeiten 20 bis 23 Schüler/-innen an vier Gruppentischen mit je sechs Sitzplätzen an ihren Aufgaben. Jedes Kind verfügt über ein eigenes Fach mit Arbeitsmaterialien, die die Lehrkräfte auswählen und ihren Schüler/-innen für die eigenständige Arbeit zur Verfügung stellen.

4.1.7 Organisation der individuellen Lernzeiten

Selbstständigkeit als „Grundprinzip"
In den individuellen Lernzeiten setzt sich das fort, was man als Grundprinzip – nicht nur des Unterrichts – der Friedrich-Wöhler-Schule bezeichnen kann: freie Arbeit und ein hohes Maß an Selbstständigkeit, das den Kindern ganz bewusst zugetraut und abverlangt wird. Dies spiegelt sich auch in den Arbeitsformen wider, so z. B. in der Wochenplanarbeit, dem Lernen an Stationen, Themen- und Projektarbeit sowie freien Arbeitszeiten.

Klassenlehrer und Bezugsbetreuer als Berater und Lerncoach
In den Klassen 1 und 2 steuern die Klassenlehrer/-innen die Lern- und Übungsphasen noch und beraten ihre Schüler/-innen so individuell wie möglich.

In den Beratungen geht es z. B. darum, in welchen Fächern und an welchen Inhalten die einzelnen Kinder arbeiten könnten oder auch sollten oder wie sie sich am besten organisieren und ihren eigenen Lernprozess gestalten können. In den Klassen 3 und 4 steuern die Kinder ihre Lern- und Übungsphasen so weit wie möglich selbst. Im Falle von Unsicherheiten, Fragen oder Problemen erhalten sie Beratung und/oder Unterstützung vonseiten der anwesenden Pädagog/-innen. Neben dieser andauernden prozessorientierten Lernberatung und -begleitung erhalten die Kinder auch regelmäßige Rückmeldungen zu ihren erbrachten Leistungen und Lernfortschritten. Dies geschieht u. a. während der Lern- und Übungszeiten, in Form von Sichtungen der Arbeitsordner, Lernmaterialien und Übungshefte sowie 1x wöchentlich in Form einer Rückmeldung zu den Aufzeichnungen der Kinder in ihrem Portfolio.

Abb. 8: Wochenplan-Heft – Stufe II

Friedrich-Wöhler-Schule Arbeitsplan Stufe II

Zeitraum:

Das nehme ich mir für diese Woche vor:

Mein Ziel für Mathematik

Mathe

Flex und Flo:

AS

MD

SR S.

GEO S.

Mein Ziel für Deutsch

Deutsch

Rechtschreibheft **S.**

Lesekartei **1 Lesekartei (2 Aufgaben/*)**

Eine Geschichte oder einen Tagebucheintrag schreiben für die Chinakladde!

AB:

Gedicht des Monats:

Lernwörter

Lesepass

Dieses Antolinbuch habe ich gelesen:

○ ○ ○ ○ ○

Datum:

Zur Bedeutung der Rituale in den Individuellen Lernzeiten

Ein wichtiges Strukturierungselement für die Organisation der individuellen Lernzeiten stellen die eingeführten Rituale dar: Mit einem Schlag gegen eine *Klangschale* (= Ruhe-Ritual) wird die Lernzeit eröffnet.

Die beiden Pädagog/-innen erläutern kurz, woran in der jeweiligen „Indi-Zeit" gearbeitet wird. Oft ist es – wie bereits erwähnt – die Fortsetzung der Arbeit mit dem Wochenplan, häufig aber auch die Arbeit an einem Projekt. In einer der beobachteten „Indi-Zeiten" bearbeiteten die Schüler/-innen Aufgaben zu einem Janosch-Buch („Post für den Tiger"), das sie im Deutschunterricht lasen. Die Kinder suchten in einem Rätsel Wörter, die sich in dem Buch wiederfinden ließen.

Kommen die Kinder mit ihren Aufgaben nicht zurecht, haben Fragen oder benötigen Hilfe, dann stecken sie eine Wäscheklammer auf ein *kleines Gefäß* (= Hilfe-Ritual) in der Mitte ihres Tisches. Eine der beiden Pädagoginnen geht bei diesem Zeichen auf das Kind zu und unterstützt es.

Während der individuellen Lernzeit helfen sich die Schüler/-innen auch gegenseitig und dürfen im Flüsterton miteinander sprechen. Steigt der Geräuschpegel zu weit an, sodass die Arbeit der Schüler/-innen gestört wird, so hebt eine der Pädagoginnen eine Hand in die Höhe (= Stille-Ritual) und alle Kinder machen es ihr nach, bis wieder Ruhe eingekehrt ist.

Kinder, die in den „Indi-Zeiten" einer Woche fleißig und konzentriert gearbeitet haben, erhalten als wertschätzende Geste einen *bunten Stein* (= Belohnungs-Ritual).

Mit Vivaldi-Musik wird zum Ende der „Indi-Zeit" die „Aufräumphase" eingeleitet, in der die Schüler/-innen ihre Arbeiten beenden, ihre Arbeitsmaterialien sortieren und zurück in ihre Fächer legen.

Abgeschlossen wird die „Indi-Zeit" mit einer Selbstreflexionsphase der Schüler/-innen, in der sie den Pädagog/-innen rückmelden, womit sie zufrieden waren, was ihnen gut gelungen ist, was nicht und was sie sich vornehmen.

Übungsstunden im Lernstudio

Zur individuellen Förderung der Schüler/-innen wurden über die individuellen Lernzeiten (für alle Schüler/-innen) hinaus auch zusätzliche *Übungsstunden im*

Abb. 9: Lernkontrolle durch eine Klassenlehrerin

Abb. 10: Klangschale

Abb. 11: Tischgefäß

Abb. 12: Belohnungssteine

Lernstudio eingeführt und fest im Stundenplan verankert. Diese Stunden werden von Lehrer/-innen oder Erzieherinnen/Erziehern geleitet, die in Kleingruppen von ca. acht bis zwölf Kindern Schüler/-innen mit besonderem Förderbedarf individuelle Unterstützung und Förderung in bestimmten Bereichen bieten.

4.1.8 Individuelle Lernzeiten – ein vollständiger Ersatz für die Hausaufgaben?

Mit der Einführung fester individueller Lernzeiten wurden die klassischen Hausaufgaben an der Friedrich-Wöhler-Schule in nahezu allen Unterrichtsfächern abgeschafft. Die Pädagoginnen und Pädagogen behalten sich lediglich die Aufgabe kleiner (!) – zeitlich begrenzter – häuslicher Übungen an die Kinder vor. Beispiele für häusliche Übungen (Stufe I):

- Anlautturmübungen
- ABC
- Worttraining
- Lesen
- Gedichte lernen
- Einmaleins
- Forscher-Aufträge oder Mitbring-Aufträge

4.1.9 Partizipation der Eltern

Von Anfang an wurden die Eltern der Schüler/-innen über die geplanten Reformprozesse und damit auch über die angestrebte neue (Haus-)Aufgabenpraxis informiert. Elternvertreter/-innen konnten sich auf Konferenzen sowie Treffen der Schulentwicklungsgruppe einbringen und aktiv an dem weiteren Schulentwicklungsprozess mitwirken.

Alle Eltern sind als Besucher und spontane Teilnehmer in den individuellen Lernzeiten stets willkommen, um sich ein Bild von der Gestaltung der Indi-Zeiten zu machen und ihr Kind im Lern- und Übungsprozess zu erleben, zu beobachten und zu begleiten.

Zweimal im Jahr (jeweils im Januar und im Juni) führen die zuständigen Pädagog/-innen gemeinsame Lernentwicklungsgespräche mit den Eltern und ihren Kindern durch, in denen die gegenseitigen Erwartungen ausgetauscht werden, die Lernentwicklung des Kindes in den Blick genommen wird, Ziele formuliert werden und Unterstützungsmöglichkeiten und -maßnahmen besprochen und beschlossen werden.

Quellen:
Abb. 1, 2, 3, 4, 5, 7, 8: Friedrich-Wöhler-Schule, Homepage und PPP der FWS
Abb. 6, 9, 10, 11, 12: Gunild Schulz-Gade

4.2 Grundschule Comeniusstraße in Braunschweig

Schule ohne Hausaufgaben

4.2.1 Daten zur Schule

Schulleiterin: Brigitte Rössing
Stv. Schulleiterin: Christine Eicke
Grundschule Comeniusstraße
Comeniusstraße 11
38102 Braunschweig
Telefon: 0531-220140
Fax: 0531-2201444
E-Mail: gs.comeniusstrasse@braunschweig.de
Homepage: http://www.gs-comenius.de

Zahlen

- ca. 390 Schülerinnen und Schüler
- 27 Lehrerinnen und Lehrer
- 2 Sozialpädagoginnen, 3 Erzieherinnen/Erzieher, 1 Heilerzieherin im Hort

Leitbild und Motto:
Erstes und letztes Ziel unserer Didaktik sollte es sein,
die Unterrichtsweise aufzuspüren und zu erkunden,
bei welcher die Lehrer weniger zu lehren brauchen,
die Schüler dennoch mehr lernen.
(Johann Amos Comenius)

Preise

- Deutscher Schulpreis 2013
- Literaturatlas 2013

Blitzlichter

- Offene Ganztagsschule
- Klassen 1 bis 4, je vier Klassen pro Jahrgang (= insgesamt 16 Klassen)
- Flurgemeinschaften (Klassen 1 bis 4)
- Tägliche „Lernzeiten" in allen Flurgemeinschaften
- Rhythmisierter Tag (offener Anfang, zwei 90-Minuten-Lernblöcke, zwei 30-Minuten-Pausen etc.)
- Individualisierter Unterricht, Wochenplanarbeit, individuelles Arbeiten an Forscherthemen in den Lernzeiten, Themen- und Projektarbeit, etc.
- Planungsstunden am Wochenanfang
- Rückblick und Klassenrat zum Wochenausklang
- Kooperation mit dem Kinderhaus Brunsviga
- Pädagogische Mittagsbetreuung und Hort arbeiten in der Kernzeit bis 15.00 Uhr zusammen
- Zahlreiche Kooperationspartner (Bildungsinstitutionen, Kulturelle Einrichtungen und Partner, Vereine, etc.)
- Mitarbeit im reformpädagogischen Schulverbund „Blick über den Zaun"

4.2.2 Stichworte zur Geschichte der Grundschule Comeniusstraße

Die Comeniusschule wurde Ostern 1903 als 5. Mittlere Knabenschule in Braunschweig gegründet. Die sechs Gründungsklassen waren zunächst an drei Stellen der Stadt untergebracht, während mit dem Bau des Schulgebäudes begonnen wurde, das im August 1904 bezogen werden konnte. Im Frühjahr 1905 wurden hier 510 Jungen in elf Klassen unterrichtet. Die schulische Arbeit wurde sowohl in der Zeit des Ersten Weltkriegs (z. B. Einberufung mehr als der Hälfte aller Lehrkräfte für den Kriegsdienst) als auch in der Zeit des Nationalsozialismus stark eingeschränkt (Durchführung von Luftschutzkursen in der Schule, Umwandlung von Kellerräumen zu Luftschutzräumen etc.).

Nach 44 Jahren Knabenschule wurden Ostern 1947 die ersten Elementarklassen eingeführt. 1954/55 verfügte die Schule über 1.157 Schülerinnen und Schüler, 28 Klassen und 28 Lehrkräfte.

1974 wurde die Volksschule in die Grundschule Comeniusstraße (Jahrgän-

ge 1 bis 4) umgewandelt. Ab dem Schuljahr 1976/77 wurden Vorklassen eingerichtet. Im Schuljahr 1993/94 wurde die volle Halbtagsschule (mit verlässlichem Unterricht von 8.00 bis 13.00 Uhr) auf der Grundlage eines pädagogischen Konzeptes eingeführt. Im Mai 2003 feierte die Grundschule ihr 100-jähriges Jubiläum. Seit 2007 ist die Comeniusschule „Offene Ganztagsschule" und wurde im Jahr 2013 für ihre hervorragende pädagogische Arbeit mit dem Deutschen Schulpreis ausgezeichnet.
Quelle: www.gs-comeniusschule.de/schule/Chronik.html (Zugriff am 3.1.2014).

4.2.3 Auf dem Weg zu einer neuen Lern- und Aufgabenkultur

Im Zuge der Umwandlung der Halbtagsschule zur verlässlichen Grundschule in Niedersachsen haben sich die Schulleitung und das Kollegium im Jahr 2010 auf den Weg gemacht, eine neue Taktung und Rhythmisierung an der Comeniusschule einzuführen. In diesem Zusammenhang schuf man den 45-Minuten-Takt ab, führte zwei 90-minütige Lernblöcke ein und sorgte für ein ausgewogenes Verhältnis von Lern- und Freizeitblöcken sowie Phasen individueller Lernzeiten, die durch zwei halbstündige Pausen (inkl. der Zeit für ein Frühstück) aufgelockert werden und in denen die Kinder sich bewegen und erholen können. Ab 12.00 Uhr gehen die Kinder der ersten und zweiten sowie dritten und vierten Klassen zeitlich versetzt zum Mittagessen in die Schulmensa. Bis 14.00 Uhr finden hier bereits erste offene Freizeitangebote statt. Ab 14:00 kommen an allen Tagen Arbeitsgemeinschaften hinzu. Von 15.00 bis 17.00 Uhr können die Eltern eine Betreuung ihrer Kinder im Hort in Anspruch nehmen.

Jede Woche beginnt mit einem Morgenkreis und der Planung der kommenden Tage und endet mit einer Selbstreflexionsphase und dem Klassenrat am Freitagmittag.

Die nachfolgende Abbildung verdeutlicht den Tagesablauf der Grundschule für die Schülerinnen und Schüler der Klassen 1 und 2 sowie der Klassen 3 und 4.

Abb. 1: Stundenplan der Grundschule Comeniusstraße
Beispielhafter Wochenstrukturplan eines Flures (21/26 Wochenstunden)

	Std.	Montag	Dienstag	Mittwoch	Donnerstag	Freitag
8.00-8.45	1.	Morgenkreis Planung der Woche	Lernzeit mit indiv. Lernplänen	Lernzeit mit indiv. Lernplänen	Lernzeit mit indiv. Lernplänen	Lernzeit mit indiv. Lernplänen
8.45-9.30	2.	Lernzeit mit indiv. Lernplänen				
		40 Min. Pause (davon 20 Min. Frühstück)	40 Min. Pause (davon 20 Min. Frühstück)	40 Min. Pause (davon 20 Min. Frühstück)	40 Min. Pause (davon 20 Min. Frühstück)	40 Min. Pause (davon 20 Min. Frühstück)
10.10-10.55	3.	Fachunterricht	Fachunterricht	Fachunterricht	flur-übergreifender Unterricht/ Sport/musischer Bereich	Lernzeit mit indiv. Lernplänen
10.55-11.40	4.	Fachunterricht	Fachunterricht	Fachunterricht		(1./2. Kl. Ab 10.55 Reflektion/ Klassenrat)
		20 Min. Pause	20 Min. Pause	20 Min. Pause	20 Min. Pause	20 Min. Pause
12.00-	5.	1./2.Kl. Betreu-ung / 3./4.Kl. Fach-unterr.	1./2.Kl. Betreu-ung / 3./4.Kl. Fach-unterr.	Fachunterricht Kl.1-4	1./2.Kl. Betreu-ung / 3./4.Kl. Fach-unterr.	1./2.Kl. Betreu-ung / 3./4.Kl. Reflek-tion/ Klassen-rat
12.54/13.00		6 Min. Schluss-phase Aufräumen	6 Min. Schluss-phase Aufräumen	6 Min. Schlussphase Aufräumen	6 Min. Schluss-phase Aufräumen	6 Min. Schluss-phase Aufräumen

4.2.4 Lernzeiten an der Comeniusschule – Ort, Häufigkeit und Dauer

Anders als an anderen (Grund-)Schulen ist die Lernzeit an der Comeniusschule eine individuelle Arbeits- und Übungszeit, die aus der Zusammenziehung aller Hauptfachstunden (insgesamt zehn Stunden Deutsch und Mathematik) gewonnen wird und kein Ersatz für die Hausaufgaben darstellt. Diese wurden 2011 gänzlich abgeschafft!

Die Lernzeiten finden täglich in 90-Minuten-Blöcken in den Klassenräumen der Schüler/-innen statt, wo die Kinder ihre festen Arbeitsplätze und Zugriff auf alle notwendigen Arbeitsmaterialien haben. Häufig werden die Flure als Arbeitsplätze mitgenutzt und gelegentlich wird die Lernzeit auch in die Bibliothek verlagert.

Aus organisatorischen Gründen haben je zwei Flurgemeinschaften in der ersten und zweiten Stunde und zwei Flurgemeinschaften in der dritten und vierten Stunde „Lernzeit". Pro Flur ist jeweils eine Klasse der Jahrgänge 1 bis 4 in einer Flurgemeinschaft untergebracht. Dieser Organisation ging die Überlegung voraus, hierdurch eine Durchlässigkeit zu gewährleisten und leistungsstärkeren Kindern in der Lernzeit die Mitarbeit in einer höheren Klasse zu ermöglichen, aber auch leistungsschwächeren Kindern phasenweise die Wiederholung von Lerninhalten in einer niedrigeren Klasse anzubieten. Da sich das „Prinzip der Durchlässigkeit" jedoch nicht in dem erhofften Maße bewährt, streben die Schulleitung und das Kollegium nun die Einführung des jahrgangsübergreifenden Unterrichts an.

4.2.5 Rahmenbedingungen: Personal, Räume, Sachausstattung

Für gewöhnlich werden die Schüler/innen in der Lernzeit durch ihre zuständigen Hauptfachlehrer/-innen (Deutsch, Mathematik) begleitet und unterstützt. Sofern möglich, wird gelegentlich eine zweite Assistenzkraft (FSJ-Kraft oder eine Pädagogische Mitarbeiterin) eingesetzt. (Eine Doppelbesetzung lässt sich personell nicht durchgängig realisieren.) Jedes Kind verfügt über ein eigenes (mit seinem Namen versehenes) Fach mit vielfältigen Arbeitsmaterialien (im 1. Schuljahr z. B.: ABC Lernlandschaft – Wörter-Heft, Grundschulschrift. Das Selbstlernheft, Lies mal! Das Heft mit der Ente").

Ca. 24 bis 25 Schüler/innen arbeiten pro Klasse – meist an Gruppentischen mit je sechs Sitzplätzen – an ihren je individuellen Aufgaben.

Abb 2: Fächer für Arbeitsmaterialien der Schüler/-innen

4.2.6 Organisation und Formen der Lernzeiten

Wie bereits erwähnt, finden die Lernzeiten täglich in der Zeit von 8.00 bis 9.30 Uhr und von 10.00 bis 11.30 Uhr in verschiedenen Lernfluren der Schule statt. Die Erfahrungen der Lehrer/-innen zeigen, dass die Phase des ersten Blocks die günstigere Lernzeit ist, in der die Schüler/-innen sich noch besser konzentrieren und motivierter und erfolgreicher an ihren je eigenen Aufgaben arbeiten können.

Mit der Einführung der Lernzeiten hat die Comeniusschule einen weiteren Schritt in Richtung Individualisierung der Lernprozesse an ihrer Schule beschritten.

Abb. 3: Individualisiertes Lernen

Abb. 4: Schüler-Arbeitsplan

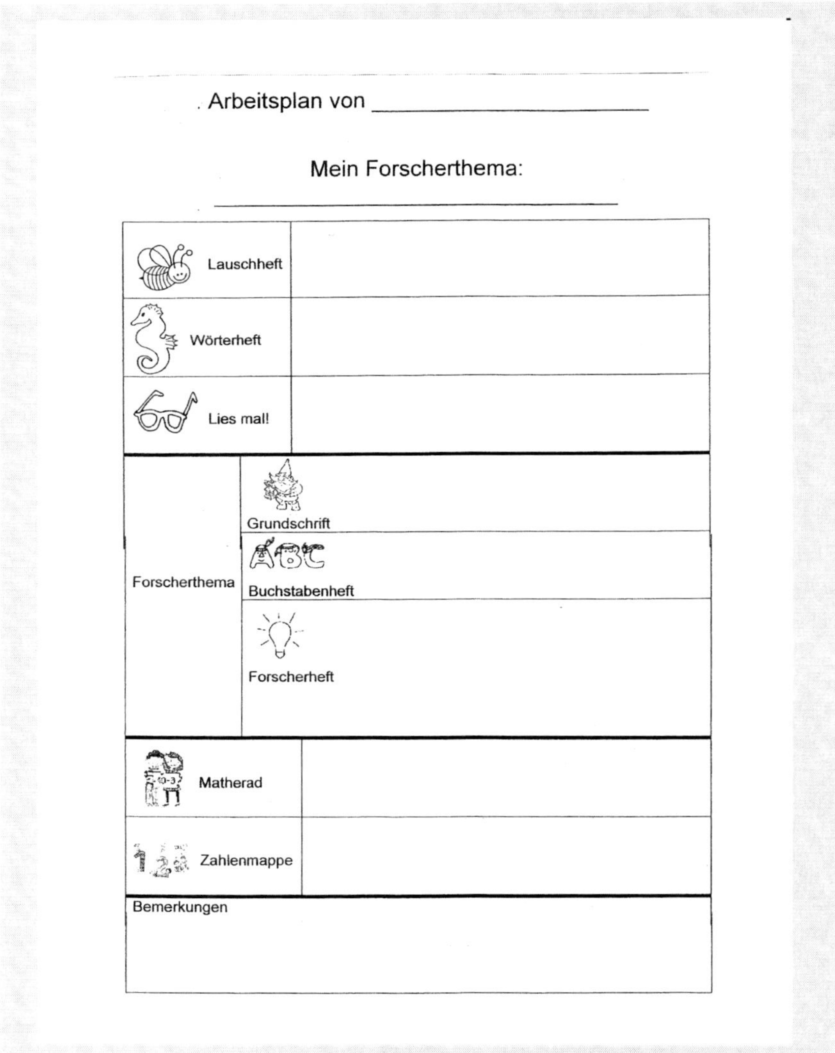
Arbeitsplan von ______________________

Mein Forscherthema:

____

Lauschheft	
Wörterheft	
Lies mal!	
Forscherthema – Grundschrift	
Forscherthema – Buchstabenheft	
Forscherthema – Forscherheft	
Matherad	
Zahlenmappe	
Bemerkungen	

Die Kinder planen ihre Arbeitsvorhaben für diese Zeit wöchentlich eigenständig und notieren, was sie sich pro Tag und pro Woche vornehmen (= Art und

Umfang der Aufgaben, an denen sie arbeiten möchten). Im Zentrum steht in dieser Zeit der „erforschende Ansatz". Die Schüler/-innen arbeiten zum Beispiel an selbstgewählten Forscherthemen (A für Astronaut, K wie Katze, W für Weihnachten oder Z für Zugvögel) und erlernen auf diese Weise auch das Alphabet. Sind sich einzelne Kinder unsicher, haben Fragen oder Probleme, so können sie sich stets an die zuständigen Fachlehrer/-innen und Pädagog/-innen wenden.

Entsprechend der individualisierten Lernformen lässt sich auch bei den Pädagog/-innen ein verändertes Selbstverständnis beobachten: sie verstehen sich zunehmend als Beobachter, Berater und Lernbegleiter der einzelnen Kinder.

Abb. 5: Individuelle Lernberatung durch die Lehrerin

Die Schüler/-innen erwerben im Zuge der selbstständigen Arbeit und Präsentation ihrer Ergebnisse wichtige und grundlegende Basiskompetenzen für ihren weiteren schulischen Werdegang.

Während der Arbeit an ihren selbstgewählten Themen dokumentieren die Kinder ihr Tun und ihre Lernfortschritte (woran sie gearbeitet haben und was sie dabei gelernt haben) in einem Schultagebuch.

Abb. 6: Schultagebuch

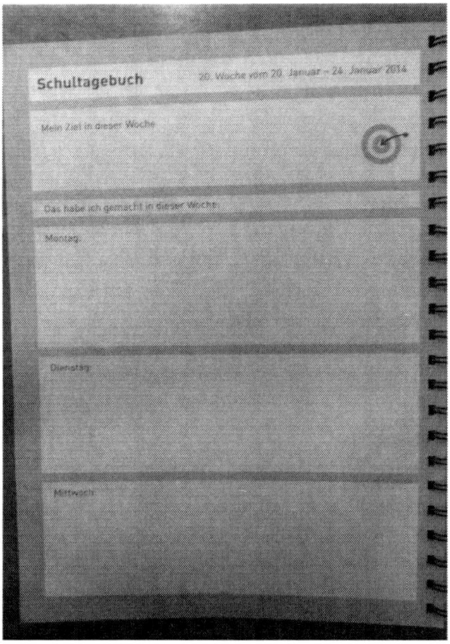

Neben dieser eigenen Lernkontrolle prüfen auch die Lehrkräfte die Lerntagebücher wöchentlich. Darüber hinaus legen die Schüler/-innen diese regelmäßig auch ihren Eltern zur Einsicht und Unterschrift vor.

Die selbstständige Arbeit wird den Schüler/-innen mithilfe von eingeführten Ritualen erleichtert, die den Lernzeiten einen strukturierten Rahmen bieten: Mit einem Schlag gegen eine Triangel (= Ruhe-Ritual) wird die Lernzeit eröffnet.

Abb. 7: Triangel

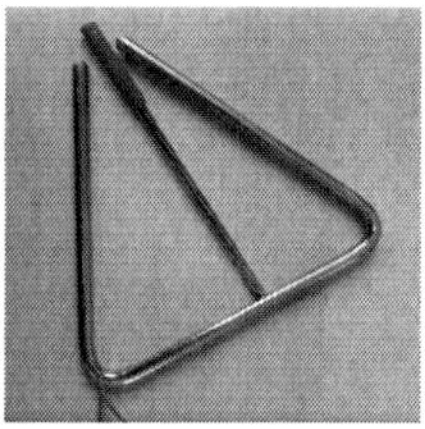

Abb. 8: Eröffnung der Lernzeit

Der Fachlehrer oder die Pädagogin eröffnen die Selbstlernzeit und stehen für Nachfragen zur Verfügung.

Während der Lernzeit dürfen sich die Schüler/-innen im Flüsterton besprechen und sich gegenseitig helfen. Die Lernzeit endet mit einem Schlusskreis, in dem die Schüler/-innen ihre Arbeit und ihr Verhalten mithilfe von ihnen vertrauten Karten reflektieren. (z. B. Was ist mein Forscherthema? – Wie habe ich gearbeitet? – etc.).

Abb. 9: Symbol-Karten für die Selbstreflexion

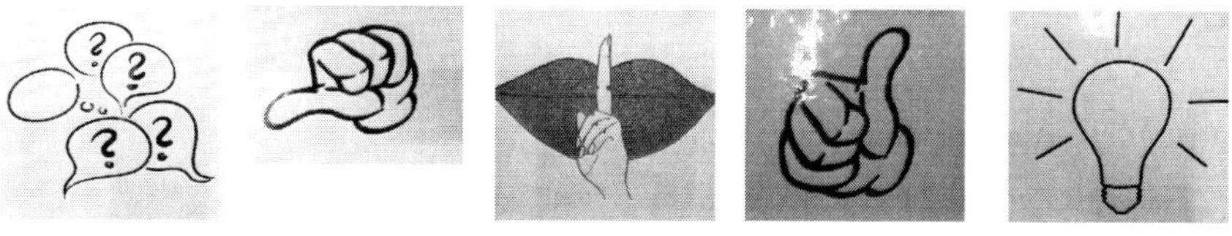

Quellen:
Abb. 2 bis 9: Fotos von Gunild Schulz-Gade

4.2.7 Interview mit der stellvertretenden Schulleiterin Christine Eicke

In dem folgenden Interview von Gunild Schulz-Gade legt Frau Christine Eicke dar, was die Schulleitung und das Kollegium der Comeniusschule dazu bewogen hat, die Hausaufgaben abzuschaffen und die Schüler/-innen – insbesondere in den Lernzeiten – individualisierter und selbstbestimmter arbeiten zu lassen.

Schulz-Gade: *Frau Eicke, die Comeniusschule hat im Jahr 2010 eine neue Taktung und Rhythmisierung eingeführt und zwei Jahre darauf die Hausaufgaben abgeschafft. Was hat Sie zu diesen Schritten bewogen?*

Eicke: Mit der Einführung einer neuen Taktung und Rhythmisierung wollten wir eine bessere Basis für eine veränderte Lernkultur schaffen, die unseren Schüler/-innen ermöglicht, eigenständiger, selbstbestimmter und individualisierter arbeiten, lernen und üben zu können. Dies wird den Kindern unter anderem in den (täglich stattfindenden) sogenannten Lernzeiten ermöglicht.

Aus vielfältigen Gründen haben wir zwei Jahre später auch die Hausaufgaben abgeschafft: Im Zuge des immer individualisierter gestalteten Unterrichts erübrigten sich normierte Hausaufgaben, aber auch all unsere Auseinandersetzungen (in Theorie und Praxis) brachten uns zu der Überzeugung, dass wir unsere Kinder auf dem bisherigen Wege nicht weiterbringen. Gleichzeitig lagen uns viele Berichte von Familien vor, welchen Stress es für Eltern, Kinder und Angehörige bedeutet, diese Aufgaben regelmäßig zu Hause erledigen zu müssen. Auch wir Lehrkräfte hatten das Gefühl, dass gerade unsere Kinder mit Lern- und Leistungsschwächen sowie anderen Problemen durch Hausaufgaben nicht gefördert werden, sondern eine noch negativere Einstellung zu den Unterrichts- und Lerninhalten entwickelten und die Abwehr der Kinder immer größer wurde (was wir als ganz furchtbar empfanden), während die leistungsstärkeren Schüler/-innen Hausaufgaben gar nicht nötig zu haben schienen.

Schulz-Gade: *Welche Resonanzen hat Ihr Vorhaben (die Hausaufgaben abzuschaffen) im Kollegium und bei der Elternschaft ausgelöst?*

Eicke: Es waren lange Diskussionen notwendig, bis alle Beteiligten (Kolleg/-innen, Eltern etc.) von dem neuen Weg der Comeniusschule überzeugt werden konnten, teils ist dies auch bis heute noch nicht gelungen (einige Lehrer/-innen hatten Angst, dass Übungszeiten der Schüler/-innen verloren gehen könnten, während Eltern eher befürchteten, nicht mehr zu wissen, an welchen Themen und Inhalten ihr Kind in der Schule gerade arbeitet, welche Lernfortschritte es erzielt bzw. wie seine Lernentwicklung verläuft und eingeschätzt wird).

Man sollte aber nicht vergessen, dass auch mit der alten Hausaufgabenpraxis nicht alle glücklich waren. Wahrscheinlich hat man bei jedem System immer eine gewisse Quote von Personen, die mit der jeweiligen Lösung, die man gefunden hat, nicht zufrieden sind.

Schulz-Gade: *In welcher Form haben Sie das Kollegium, die Eltern und Schüler/-innen in diesen Reformprozess einbezogen?*

Eicke: Nach den Beobachtungen und Auseinandersetzungen rund um das Thema Hausaufgaben an der eigenen Schule haben wir (die Schulleitung und das Kollegium) uns (in einem zweiten Schritt) mit den aktuellen Forschungsergebnissen zu diesem Themenfeld beschäftigt (was Hausaufgaben bringen oder nicht), um dann Modelle für die eigene Arbeit zu entwickeln. In den Verlauf dieses Schulentwicklungsprozesses wurden alle Beteiligten (Schulleitung, Lehrer/-innen, Erzieher/-innen, Eltern und Schüler/-innen) einbezogen, z. B. im Rahmen der Arbeit der Steuergruppe, der Konferenzen etc.).
Auf unserem Weg zu einer neuen (Haus-)Aufgabenkultur hatten wir zunächst ein Übergangsmodell, nach dem vorerst nur im ersten und zweiten Schuljahr auf Hausaufgaben verzichtet wurde, jedoch nicht in den höheren Jahrgängen (Jg. 3 und 4).

Schulz-Gade: *Wie nehmen die Schüler/-innen die selbstbestimmten Arbeitsformen in der Lernzeit an?*

Eicke: Die Lernzeit nehmen die Schüler/-innen durchweg gut an, wobei jedoch erwähnt werden muss, dass wir inzwischen fast nur noch Schüler/-innen an der

Comeniusschule haben, die nichts anderes als die Lernzeiten mehr kennen. Die alte Taktung und die vergangene Hausaufgabenpraxis ist ihnen überwiegend nicht mehr bekannt.

Schulz-Gade: *Welche besonderen Chancen bietet Ihrer Einschätzung nach diese von Schülerseite organisierte und strukturierte Lernzeit?*

Eicke: Einfach auf die individuellen Neigungs-, Lern-, Arbeits- und Zeitbedürfnisse der einzelnen Kinder besser eingehen zu können und nicht für alle Kinder ein Raster vorzugeben, das tatsächlich nur für wenige von ihnen passt.

Schulz-Gade: *Hat die Realisierung dieser Lernzeit rückblickend auch unvorhersehbare Fragen aufgeworfen und Folgen mit sich gebracht?*

Eicke: Je individualisierter wir den Unterricht für unsere Schüler/-innen gestalteten, desto mehr kam vonseiten der Eltern insbesondere die Frage nach den Lernfortschritten ihrer Kinder auf. In diesem Zusammenhang führten wir ein sogenanntes „Lerntagebuch" ein, das natürlich erst dann Sinn macht, wenn nicht mehr alle Kinder zur gleichen Zeit das Gleiche tun.
An der individualisierten Arbeit schätzen wir besonders, dass wir mit den Kindern in Ruhe alles vertiefen können, auch wenn ein Teil der Gruppe schon über gewisse Punkte hinaus ist. So kann ich einen Schüler, der das schriftliche Teilen z. B. noch nicht beherrscht, einige Tage länger hieran arbeiten lassen.

Schulz-Gade: *Können Sie eine erste Zwischenbilanz seit der Einführung der Lernzeit an Ihrer Schule ziehen?*

Eicke: Alle Beteiligten (v.a. Schulleitung, Lehrer/-innen, Eltern, Schüler/-innen) empfinden die Lernzeit als gute und sinnvolle Neuerung. Wenn man die Kinder mit dem, was sie mitbringen, im Rahmen ihrer individuellen Möglichkeiten so gut wie möglich fördern und voranbringen will und die Kinder sich auch selbst weiterbringen, dann geht es für meine Begriffe nur auf diesem von uns neu beschrittenen Wege!

Schulz-Gade: *Was würden Sie Kolleg/-innen an (Grund-)Schulen mit auf den Weg geben wollen, die sich ebenfalls mit dem Gedanken tragen, Hausaufgaben zu Schulaufgaben umzuwandeln oder ganz abzuschaffen?*

Eicke: Es einfach zu tun! Und wahrscheinlich werden sie sich hinterher fragen: „Wofür haben wir uns eigentlich jahrelang mit den Hausaufgaben geplagt, mit Eltern diskutiert, uns mit Schüler/-innen auseinandergesetzt, die ihre Hausaufgaben nicht gemacht haben und den Unmut ertragen, den all dies mit sich gebracht hat?“

Ich hospitiere selbst ja auch viel in anderen Schulen ... – wenn ich dort sehe, dass manchmal die Hälfte einer Unterrichtsstunde verloren geht, indem nur irgendwer die Ergebnisse irgendwelcher Rechenaufgaben vorliest und Lehrkräfte machen dort Häkchen oder schreiben ein „f“ daneben, dann ist das so viel vergeudete Zeit von Kindern, Lehrkräften, Eltern und ganzen Familien, dass man sich am Ende doch ernsthaft die Frage nach dem Sinn und Gewinn all dessen stellen muss!

Schulz-Gade: *Frau Eicke, herzlichen Dank, dass Sie sich die Zeit genommen haben, mir Fragen zu den Erfahrungen Ihrer Schule mit der Abschaffung der Hausaufgaben zu beantworten.*

Das vorliegende Interview wurde im Rahmen eines Besuchs in der Comeniusschule in Braunschweig geführt.

4.3 Individuelle Lernzeiten an der Grundschule Liebertwolkwitz in Leipzig

4.3.1 Daten zur Schule

Schulleiter: Christoph Edgar Arnold
Schule Liebertwolkwitz
Grundschule der Stadt Leipzig
Am Angerteich 2
04288 Leipzig
Telefon: 034297 40110
Fax: 034297 47405
E-Mail: sportgrundschule@gmx.de
Homepage: www.sportgrundschule.de

Zahlen

- 180 Kinder
- 8 Klassen
- 10 Lehrkräfte
- 10 Erzieherinnen und Erzieher (Hort)
- 4 Musikpädagogen und -pädagogen
- 5 Trainerinnen und Trainer
- 1 Bibliothekarin

Blitzlichter

- Seit 2005 vollgebundene Ganztagsschule
- Ganztag von 6.00 bis 17.00 Uhr
- Gebundener Ganztag 7.30 bis 14.35 Uhr (Abweichungen durch Klassenstundenpläne), danach offene Zeit im Hort für alle Kinder

- Donnerstag 7.45 bis 15.10 Uhr (Abweichungen durch Klassenstundenpläne)
- Freitag 7.45 Uhr, Ende: je nach Klassenstundenplan
- Deutsche Modellprojektschule im Europäischen Jahr der Erziehung durch Sport, gefördert vom Bundesministerium für Bildung und Forschung
- Montag bis Mittwoch 7.30 bis 9.00 Uhr: Sportprofil mit unterschiedlichsten Angeboten, in die sich die Kinder einwählen können, organisiert durch den eigenen Sportverein Sportschulzentrum Liebertwolkwitz e.V.
- Sportgelände, zwei Turnhallen (davon wird eine zusammen mit der benachbarten Oberschule benutzt)
- Klassen 1 bis 4 jeweils zweizügig
- Flexibler Schulanfang
- Jahrgangsgemischter Unterricht für die Jahrgangsstufen 1 und 2
- Intensive Zusammenarbeit mit den Kindertagesstätten
- In die Schule integrierter Hort
- Rhythmisierter Tag ohne Klingelzeichen (Sportprofil, Kurs- und Grundunterricht mit Deutsch, Sachunterricht und Mathematik, sonstiger Fachunterricht)
- Individualisierter Unterricht durch Lernthekenarbeit
- Freiräume im Tagesablauf für spontane Lerngespräche und individuelle Förderung
- Mittagessen in der benachbarten Mittelschule

4.3.2 Entwicklung zur gebundenen Ganztagsschule

Bis 2005 war die Grundschule Liebertwolkwitz eine offene Ganztagsschule. Der Nachmittag stand zunächst auf zwei Säulen: Hort und Sportangebote. Das verursachte organisatorische Probleme: Ständig mussten die im Hort Verantwortlichen Kinder zu verschiedenen Kursen schicken, von dort in Empfang nehmen und zu unterschiedlichen Zeiten nach Hause entlassen.

Auch bei verantwortungsvollstem Handeln schwebte über diesem stressigen Organisationsaufwand ständig die Gefahr, ein Kind falsch abzugeben, mit allen möglichen Folgen. Also entschloss man sich, klare Strukturen zu schaffen, um Sicherheit und Verlässlichkeit für alle zu gewährleisten.

Die Lösung lag im gebundenen Ganztag. Gemeinsam entwickelte man ein

Konzept. Die vereinbarte sechswöchige Probezeit verlief anfangs chaotisch. Es gab zu viele Angebote. Statt entmutigt aufzugeben, verlängerte man die Probezeit auf zehn Wochen. Den ursprünglichen Plan, den Unterricht nach dem Fächerkanon etwa zur Hälfte auf den Nachmittag zu legen, gab man auch auf Wunsch der Eltern auf, zugunsten eines größeren Anteils der Fächer am Vormittag.

Indem die Schule aus Fehlern die richtigen Konsequenzen zog und Korrekturen ansetzte, erreichte sie schließlich ein tragfähiges Konzept, das bei Eltern, Hort, Lehrkräften und natürlich auch bei den Kindern auf Zustimmung stieß. Auf diesen gebundenen Ganztag wollte schließlich niemand mehr verzichten.

Der Grundschule Liebertwolkwitz gelang es, nicht nur den Schultag, sondern gleich die ganze Woche zu rhythmisieren.

Ein besonderes Markenzeichen der Schule, die sich zu Recht auch als Sportgrundschule bezeichnet, ist das Sportprofil. Montag bis Mittwoch gibt es von 7.30 bis 9.00 Uhr die unterschiedlichsten Angebote, vom Reiten bis zum Tischtennis. Daneben können sich die Kinder noch in Angebote aus den Bereichen Kunst, Handwerk, darstellendes Spiel und Musik einwählen oder Freizeit in der Bücherei verbringen. Für die Jungen der Klassen 4 gibt es sogar, aus einer lokalen Tradition heraus, einen Burschenchor.

Donnerstag und Freitag beginnt der Unterricht um 7.45 Uhr. Am Donnerstag ist der sogenannte Werkstatttag, der für Exkursionen und Projektarbeit genutzt werden kann.

Leitend für das Sportprofil sind Erkenntnisse der Neurobiologie: Bewegung fördert das Lernen. Auch der eigene Sportverein, Sportschulzentrum Liebertwolkwitz, betont diesen Zusammenhang zwischen Bewegung, Sport und geistiger Entwicklung: „Dabei drohen bei Bewegungsmangel Haltungsschäden, Übergewicht, Herz-Kreislauf-Erkrankungen. Und Krabbeln, Laufen, Springen, Klettern sind nicht nur wichtig für die Gesundheit – sie fördern die gesamte kindliche Entwicklung, stärken Persönlichkeit, Intelligenz und Sinne. (...) Selbstständigkeit kommt von selbst stehen können. (...) Bewegung macht schlau, denn bei Sport und Spiel treffen Kinder immer wieder auf Probleme, die es zu lösen gilt. Das kommt ihnen auch in der Schule zu Gute.“ (Sportschulzentrum Liebertwolkwitz e. V. 2013).

Bewegung macht schlau!

Da der Tag mit Bewegung und weiteren Aktivitäten beginnt, die die Kinder positiv ansprechen, sind sie um 9.00 Uhr, wenn sie in die Klassenräume gehen, ausgeglichen und motiviert für die weitere Arbeit.

Dass dieses Konzept aufgeht, zeigt sich schon auf dem Weg der Kinder durch die teilweise engen Flure. Alle gehen friedlich und höflich miteinander um. Selbst wenn es dabei an der einen oder anderen Stelle einmal laut wird, ist der Geräuschpegel durchaus kindgemäß und in keiner Weise von Aggressionen geprägt. Selten muss zu Beginn des Unterrichts ein Konflikt geklärt werden, um überhaupt erst mit dem geplanten Lernpensum beginnen zu können.

Die Kinder agieren sehr selbstständig und regelbewusst, wenn sie ihren Arbeitsplatz einrichten und im Raum verschiedene Dienste versehen. Damit die Kinder die weitere Strukturierung des Tages vor Augen haben, hängt ein Kind dazu Karten auf, die die Aktivitäten in der zeitlichen Abfolge zeigen.

Die Arbeits- und Organisationsformen erlauben es den Kindern, sich auch im Unterricht zu bewegen. Benötigte Lernmaterialien werden geholt und wieder zurückgebracht. Während der Lernthekenarbeit kann man mit Fragen zur Lehrkraft gehen. Gearbeitet wird in der Regel an Gruppentischen. Die Kinder können dazu aber auch andere Plätze im Raum oder teilweise in Nebenräumen aufsuchen. Sogar auf dem Boden sitzen oder liegen ist möglich, je nach Lernsituation und individuellem Bedarf. All das verläuft ruhig und sachbezogen.

	Zeit		Flex 1a/2a	Flex 1b/2b	Flex 1c/2c	Flex 1d/2d	3a	3b	4a	4b
M	7.30–8.15	1	Sportprofil							
	8.15–9.00	2								
	9.10–9.55	3	GU	GU	GU	Sport	GU		GU	GU
			Pause							
	10.20–11.05	4	Kurs	Kurs	Kurs	Kurs	GU	GU	GU	GU
	11.05–11.50	5	GU	GU	Sport	GU	GU	GU	Mu	GU
	12.00–12.45	6	Sport			Kurs				
	12.55–13.40	7		GU		Ku 4.Kl				
	13.50–14.35	8	Kurs 2		GU	Ku 4.Kl				
D	7.30–8.15	1	Sportprofil							
	8.15–9.00	2								
	9.10–9.55	3	GU		GU	GU	GU	GU	GU	GU
			Pause							
	10.20–11.05	4	GU	GU	GU	GU	Eng Wk	GU	GU	GU
	11.05–11.50	5	Kurs	Kurs	Kurs	Kurs	Wk	Eng	GU	
	12.00–12.45	6	Eng					Mu	Eng	Sport
	12.55–13.40	7		GU	Ku Wk	Ku Wk	Eng Wk		Eng	
	13.50–14.35	8	Eth	Eth	Ku Wk	Ku Wk	Wk	Eng		
M	7.30–8.15	1	Sportprofil							
	8.15–9.00	2								
	9.10–9.55	3	Kurs	Kurs	Kurs	Kurs	GU	Sport	GU	GU
			Pause							
	10.20–11.05	4	GU	GU	GU	GU	GU	GU	Sport	Eth
	11.05–11.50	5	GU	GU	GU	GU	GU	GU		Eth
	12.00–12.45	6					Eng			Eng
	12.55–13.40	7			Eth	Eth		Ku	GU	
	13.50–14.35	8	Sport Mu 2	Sport Mu 2	Sport			Ku		

D	7.45–8.30	1	GU	GU	GU	GU	GU	GU	GU	Sport
	8.45–9.30	2	Sport	Eng	GU	GU	GU	Eth	GU	GU
			Pause							
	9.50–10.35	3	GU	Sport	Eng	Eng	GU	GU	Mu	GU
	10.45–11.30	4	Kurs	Kurs	Kurs	Kurs	Sport	GU	GU	
	11.40–12.25	5			Sport		GU	Eng		
	12.35–13.20	6	Mu 1	Mu 1		Sport		Eng	Eth	
	13.30–14.15	7	Ku Wk	Ku Wk	Mu 2	Mu 2	Ku	Sport	Eth	Mu
	14.25–15.10	8	Ku Wk	Ku Wk			Ku		Sport	GU
F	7.45–8.30	1	GU	GU	Eth 1	Eth 1	GU	GU	E W S	Mu
	8.45–9.30	2	SB Eth 1	Eth 1	Mu 1	Mu 1	Mu	GU	E W S	Eng
			Pause							
	9.50–10.35	3		Sport		Kurs 1	GU	Mus	E W S	GU
	10.45–11.30	4		Kurs 1	GU	GU	Eth		E W S	Eng
	11.40–12.25	5							GU	Lesen
	12.35–13.20	6								Lesen

Abb. 1: Stundenplan

Sportprofil: Verschiedene Angebote

GU: Grundunterricht

Kurs: Jahrgangsgetrennter Unterricht im flexiblen Schulanfang

Lesen: klassenübergreifend

Abb. 2: Struktur des Tages

Abb. 3: Kinder holen Lernmaterialien

Abb. 4: Arbeit auf dem Boden (© Christoph Edgar Arnold 2013)

Abb. 5: Arbeit an Gruppentischen (© Christoph Edgar Arnold 2013)

4.3.3 Einführung der individuellen Lernzeit als Lernthekenarbeit

Die Umstellung zur gebundenen Ganztagsschule setzte eine Entwicklung zu offenen Unterrichtsformen in Gang. Getragen von einem in der Schule vorherrschenden humanitären Menschenbild, wird jedes Kind als Individuum, als eine einmalige Persönlichkeit gesehen, der mit Respekt zu begegnen ist.

Hausaufgaben in der traditionellen Form verstoßen gegen diese geistige Haltung. Sie werden als ein Machtinstrument der Lehrkräfte eingeschätzt. Der Schulleiter, Herr Arnold, sieht folgende Nachteile bei den Hausaufgaben:

Was im Unterricht nicht geschafft wurde, aus welchen Gründen auch immer, muss zu Hause erledigt werden. Eltern müssen dabei helfen, Lehrkräfte müssen am nächsten Tag kontrollieren, und das kostet Zeit. Für manche Kinder sind die Hausaufgaben zu leicht und damit überflüssig, für andere sind sie zu schwer (Lüke 2013). Sie werden weder der Heterogenität der Kinder gerecht noch den Anforderungen der Schulordnung für Sachsen, nach der Hausaufgaben individuell zu erteilen sind und kontrolliert werden müssen. Offene Lernformen sind effektiver, weil für die Kinder kein Leerlauf durch Über- oder Unterforderung entsteht.

Im Jahr 2007 wurden deshalb individuelle Lernzeiten eingeführt. An dem Entwicklungsprozess waren Eltern, das Hortpersonal und die Lehrkräfte beteiligt. Man beließ eine Wochenhausaufgabe, die von Donnerstag auf Montag oder von Freitag auf Dienstag aufgegeben wird. Zwei Lehrkräfte erteilen diese Hausaufgabe über einen Zeitraum von zwei Wochen.

Beispielsweise hatten Kinder im flexiblen Schulanfang ein Gedicht auswendig zu lernen. Ältere Kinder sollten Informationen über die Sehenswürdigkeiten Leipzigs sammeln. Offene Aufgabenformen wie diese werden bevorzugt.

Die Blätter für die Wochenhausaufgabe heften die Kinder in einen grünen Schnellhefter. Dieser wird immer im Ranzen aufbewahrt, damit er sowohl zu Hause als auch in der Schule zur Verfügung steht. Wann die Aufgaben bearbeitet werden, bleibt jedem selbst überlassen. Im Prinzip können die Aufgaben vollständig in der Schule bearbeitet werden. Wer dazu Hilfe braucht, kann diese in der Bibliothek, im Lehrerzimmer oder im Hort bekommen. Gelegenheiten, die Hausaufgaben zu erledigen, gibt es im Ganztag viele:

- Am frühen Morgen in der Phase von 7.30 bis 9.00 Uhr, wenn die Kinder nur etwa eine Stunde an den Angeboten teilnehmen möchten
- In den Freizeitblöcken nachmittags, zum Beispiel in der Bücherei
- Im Hort mit einem von 14.00 bis 16.00 Uhr geöffneten Hausaufgabenzimmer
- Während der individuellen Lernzeiten.

In den jahrgangsgemischten Gruppen des flexiblen Schulanfangs gibt es Lernpartnerschaften, in denen sich Kinder gegenseitig unterstützen. Beispielsweise helfen Kinder, die schon lesen können, ihrem Partner bei der Wochenhausaufgabe, ein Gedicht auswendig zu lernen, indem sie während der individuellen Lernzeiten das Gedicht immer wieder vorlesen und abhören.

Die Fächer Deutsch, Sachunterricht und Mathematik sind in den Jahrgangsstufen 1 bis 3 zu 14, in der Jahrgangsstufe 4 zu 15 Wochenstunden Grundunterricht zusammengefasst, die in der Hand der Klassenlehrkraft liegen. Die individuellen Lernzeiten in Form von Lernthekenarbeit sind Teil dieses Grundunterrichts.

Als Ersatz für die Hausaufgaben ist dieser Unterricht lediglich in den jahrgangsgemischten Klassen um je zwei Stunden aufgestockt, die der Schule wegen des Ganztagskonzepts zur Verfügung stehen. Ansonsten erfordert diese Umstellung keinen zusätzlichen Personaleinsatz. Bei der offenen Form der Lernthekenarbeit entsteht kein Leerlauf für das einzelne Kind, was eine Steigerung der Lerneffektivität bedeutet. Damit ist ein möglicher Verlust an Lernzeit durch die Abschaffung von Hausaufgaben mehr als kompensiert.

In den Gruppen des flexiblen Schulanfangs werden fünf Stunden altershomogen erteilt, das heißt, die jahrgangsgemischten Klassen werden in Gruppen der Jahrgangsstufe 1 und in Gruppen der Jahrgangsstufe 2 aufgeteilt. Diese erhalten dann jeweils drei Kursstunden Deutsch und zwei Kursstunden Mathematik. Die Kursstunden dienen der Einführung neuer Inhalte und Verfahren mit je nach Lehrkraft mehr oder weniger frontalen Unterrichtsformen.

Abb. 6: Grundunterricht – Kursunterricht

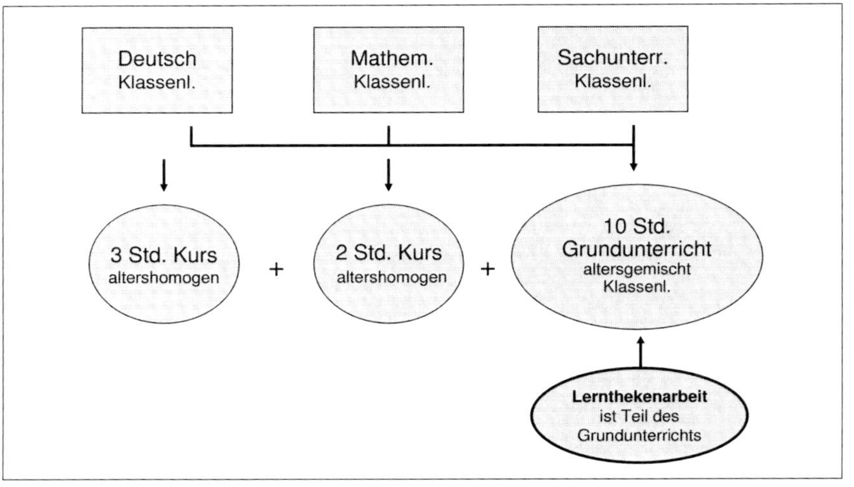

4.3.4 Lernthekenarbeit

Ziele

Mit der Lernthekenarbeit verfolgt die Grundschule Liebertwolkwitz folgende Ziele:

- Die Kinder sollen zum Selbstmanagement befähigt werden. Dazu müssen sie ihre Lernprozesse reflektieren können. Sie sollen erkennen, was sie schon gelernt haben, was sie noch lernen müssen und wie sie es lernen können. Für diesen Prozess sollen sie kindgemäß formulierte Kompetenzen nutzen können.
- Die Kinder sollen ihre Lernfortschritte erkennen und dadurch ihr Selbstbewusstsein stärken.
- Sie sollen selbstständig mit Lernmaterialien und Steuerungsinstrumenten umgehen können.
- Sie sollen Freude am Lernen haben.
- Sie sollen ihren Potenzialen entsprechend lernen können. Dabei sollen sowohl Unterforderung als auch Überforderung vermieden werden.

- Eltern und pädagogisches Personal sollen durch die Lernthekenarbeit anstelle von Hausaufgaben entlastet werden.

Elemente der Lernthekenarbeit

Selbstmanagement Verantwortung
Reflexion Selbstdisziplin
Lernfortschritte Lernprozess
Zielstrebigkeit Selbststeuerung
Selbstbewusstsein individuell
Freude am Lernen Eltern entlasten

Die Lernthekenarbeit ist Teil des Grundunterrichts und findet täglich mit der Klassenlehrkraft, also mit personeller Kontinuität, im Klassenraum statt. Im flexiblen Schulanfang erfolgt sie in jahrgangsgemischten Stammgruppen. Die Zeiten dafür sind im Stundenplan nicht eigens ausgewiesen. Er gibt nur die Taktung vor, innerhalb derer die Lehrkräfte so rhythmisieren können, wie es am besten in die Lernabläufe passt. Die Kinder wiederum nutzen während der Lernthekenarbeit die Freiheit der inneren Rhythmisierung, indem sie selbst bestimmen können, wann sie was arbeiten, um so ihre schwankende Tages- oder Wochenform besser ausgleichen zu können.

Abb. 7: Taktung

Zeiteinteilung der Schule

Zeit	
7.30 – 9.00	Sportprofil
9.10 - 14.35	**Grundunterricht GU** **Klassenl.** **Pausen** **Fachunterricht**

Abb. 8: Äußere Rhythmisierung

Wechsel der Lehr- und Lernformen
gelenkt durch Lehrkraft

Zeit	
9.10 - 11.05 mit Pause	**Grundunterricht GU** **Klassenl. gibt Zeit für Lernthekenarbeit, Individuelle Kompetenzlisten als Vorgabe**

Abb.9: Innere Rhythmisierung

Eigenrhythmus des Kindes
Individuelle Steuerung
gelenkt durch das Kind

Zeit	
9.10 - 11.05 mit Pause	**Lernthekenarbeit** Kinder entscheiden, zu ihrer individuellen Kompetenzliste wann, sie was, wie lange arbeiten.

Die individuellen Lernzeiten in Form von Lernthekenarbeit sind in diesem integrativen Modell der Grundschule Liebertwolkwitz ganz in dem Unterricht aufgegangen. Sie können deshalb im Folgenden nicht isoliert, sondern nur im Zusammenhang mit wesentlichen Elementen des Unterrichts betrachtet werden.

Im Unterschied zu gängigen Wochenplanformen orientieren sich die Kinder bei der Lernthekenarbeit zunächst nicht an Arbeitsanweisungen oder Aufgabenstellungen, sondern an Kompetenzlisten, die individuell sehr unterschiedlich sein können. Weitere individualisierende Elemente sind die Auswahl der Reihenfolge, das Arbeitstempo und die Entscheidung für Erweiterungen.

Lernthekenheft

Während der Lernthekenarbeit orientieren sich die Kinder mit dem Lernthekenheft (s. Abbildung 11 und 12). Es ist quasi ihr Steuerinstrument. Auf einer Doppelseite stehen links die zu erreichenden Kompetenzen, kindgemäß formuliert in der Ich-Form: *Ich kann ... Ich kenne ...* Diese Kompetenzlisten wurden in der Grundschule Liebertwolkwitz erstellt. Rechts ist ein Blatt mit Aufgaben zu jeweils einem Kompetenzbereich der linken Seite.

Die links stehende Liste wird den Kindern je nach Lernfortschritt zugeteilt. Sie können dann selbst bestimmen, an welchen der aufgeführten Kompetenzen sie zu welcher Zeit arbeiten möchten. Sie wählen dazu das passende Aufgabenverzeichnis aus der Lerntheke und kleben es auf die rechte Seite des Heftes. Bearbeitete Aufgaben werden gekennzeichnet.

Farbliche Kennzeichnungen helfen den Kindern bei der Orientierung. Jede Kompetenz ist in der Liste mit einer eigenen Farbe gekennzeichnet. Diese findet ihre Entsprechung bei dem zugehörigen Aufgabenverzeichnis.

Die Kinder werden zur Reflexion ihres Lernprozesses angehalten. Der Aufbau des Lernthekenhefts unterstützt sie dabei. Sie sollen erkennen, welche ihrer Ziele sie erreicht haben und welche nicht. Dadurch wissen sie, was sie noch lernen müssen und wie sie es lernen können. Die vertraute Praxis des eigenverantwortlichen Lernens hilft den Kindern, die richtigen Übungen dafür auszuwählen.

Abb. 10 und **11:** Lernthekenhefte

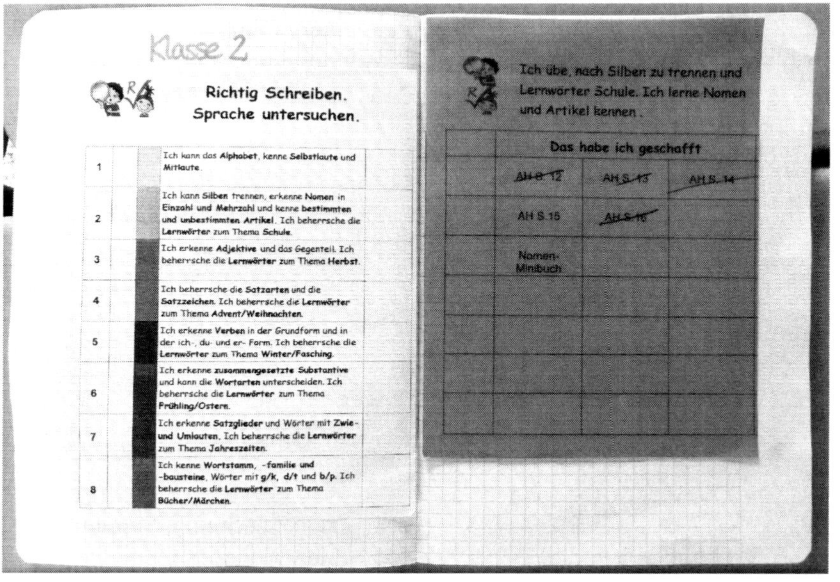

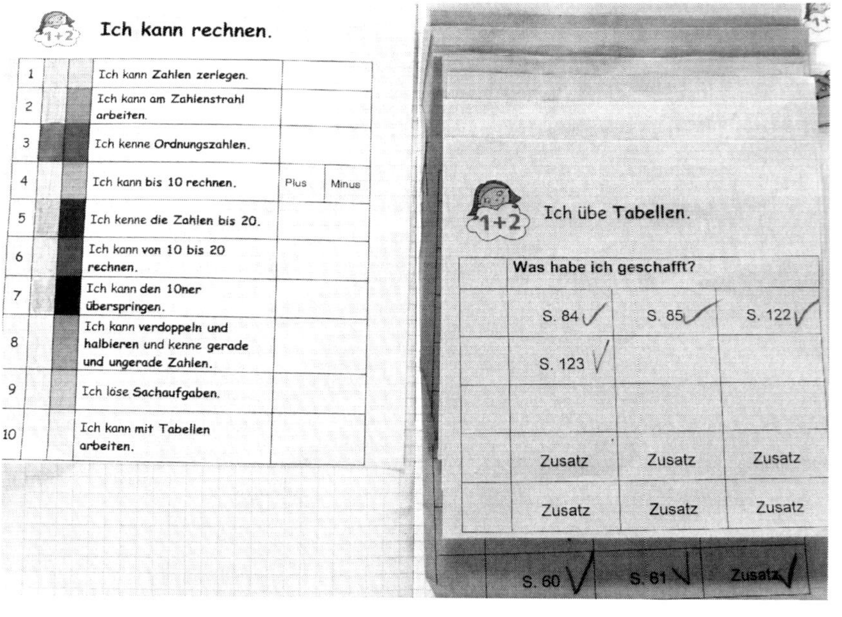

Wenn ein Kind glaubt, alle Kompetenzen der linken Seite erreicht zu haben, meldet es sich individuell für einen Test an. Die Lehrkraft berät, ob noch gelernt werden muss oder ob das Kind den Test absolvieren kann. Das Feedback durch die Lehrkraft erfolgt unmittelbar und wird im Lernthekenheft vermerkt. Sollten sich dabei noch gravierende Defizite herausstellen, kann nachgearbeitet und der Test erneut absolviert werden. Somit wird das Lernen und nicht das Beurteilen in den Vordergrund gerückt. Durch das freiwillige Anmelden zum Test sind die Kinder gezwungen, sich selbst einzuschätzen. In der Regel wissen sie bald, wo sie stehen.

Nicht warten, bis das Kind in den Brunnen gefallen ist!
Die Verfasser können aus eigenen Erfahrungen bestätigen, dass mit dieser prozessorientierten Unterstützung ein höheres Leistungsniveau erzielt wird, als wenn zunächst bei einer Lernstandskontrolle Defizite festgestellt und mit einer negativen Note bestraft werden, gleichsam als Quittung für mangelnde Anstrengungsbereitschaft.

Mit den Kompetenzlisten haben die Kinder sowohl einen Überblick, was in der anstehenden Woche zu tun ist, als auch darüber, was sie im Laufe des Schuljahres schon gelernt haben. Das führt ihnen die Lernfortschritte vor Augen und stärkt damit ihr Selbstbewusstsein.

Der Schulleiter, Herr Arnold, beschreibt den Erfolg dieser Lernthekenarbeit: „Am Ende eines jeden Schuljahres haben nahezu alle Schülerinnen und Schüler alle von ihnen verlangten Bausteine geschafft. Nur nicht am gleichen Tag, in der gleichen Woche und nicht in der gleichen Reihenfolge“ (Lüke 2013).

Logbuch

In das Logbuch (s. Abb. 13) tragen die Kinder ihre Wochenziele ein, auch was sie sich persönlich hinsichtlich des Arbeits- und Sozialverhaltens vornehmen, zum Beispiel: *Ich möchte meinem Patenkind helfen.* Im Laufe der Woche wird immer wieder eingeschätzt und vermerkt, wie sie mit ihrem Arbeitsprozess und

Abb. 12: Organisation der Lernthekenarbeit

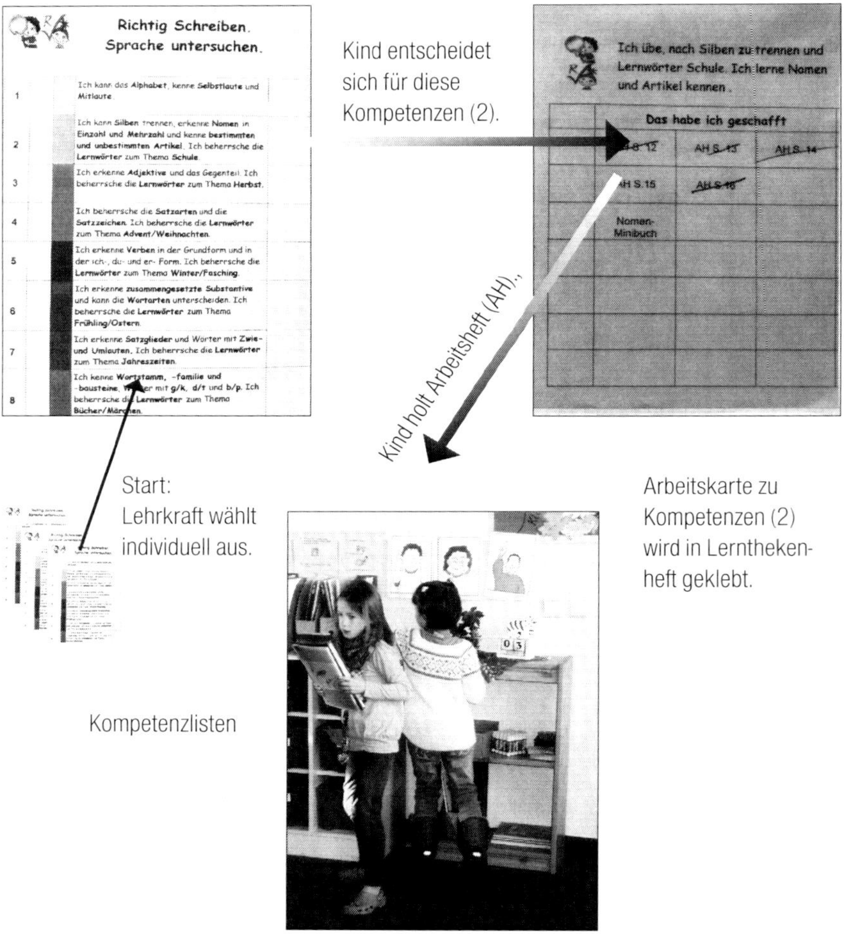

den Ergebnissen zufrieden sind. In einem eigenen Feld notieren die Kinder, worauf sie besonders stolz sind.

Eltern und Lehrkräfte zeichnen am Ende der Woche das Logbuch ab. Mit der Spalte ganz rechts können sie Mitteilungen austauschen.

Abb. 13: Logbuch

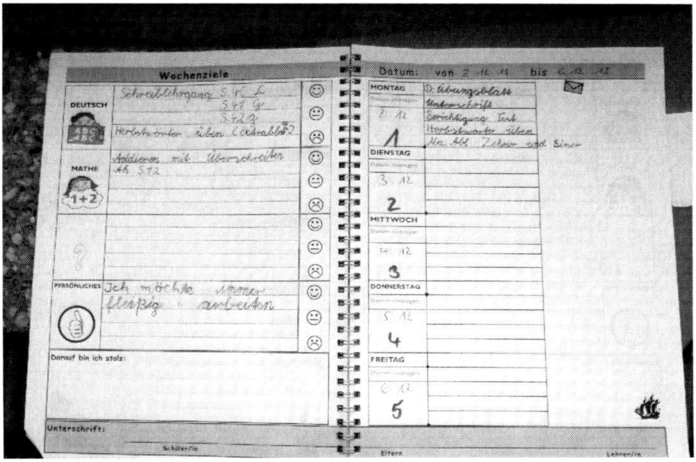

Hilfen

Die Grundschule Liebertwolkwitz wahrt die Balance zwischen Selbstständigkeit der Kinder und Hilfen durch die Lehrkraft. Die Kinder arbeiten sehr selbstständig, sodass sie während der Lernthekenarbeit nur selten Hilfen in Anspruch nehmen müssen. Wenn sie mit einer Aufgabe nicht klarkommen, können sie diese zunächst zurückstellen, sich einer anderen widmen und es später noch einmal versuchen.

Auch in der Tischgruppe hilft man sich gegenseitig, ebenso unterstützen sich die Lernpartner, wobei in den jahrgangsgemischten Klassen sogar schon mal der Jüngere dem Älteren hilft. Sie können auch frei wählen, von wem sie geholfen haben möchten. Das alles verläuft mit einem niedrigen Geräuschpegel, bei dem kein Kind gestört wird. Erst wenn diese Möglichkeiten der Hilfe ausgeschöpft sind, gehen die Kinder zu ihrer Lehrkraft. Diese gibt kurze Hinweise oder versucht in einem Lerngespräch zu ergründen, wo die Schwierigkeit des Kindes liegt und gibt Hilfe zur Selbsthilfe: *Das kannst du so lernen ... Das kannst du damit lernen ... Probiere das so ...* Die Lehrkraft versucht, den Lernprozess des Kindes zu verstehen und unterstützt es prozessorientiert, damit es selbstständig zu einem Lernergebnis kommt.

Pro Klasse stehen zwei Stunden Förderunterricht zur Verfügung. Mit dieser Ressource wurden aber keine Fördergruppen gebildet. Die Stunden wurden vielmehr den Lehrkräften zugewiesen. Vergeblich sucht man im Stundenplan nach diesen Förderstunden. Die Bezeichnung Stunden ist irreführend, denn es geht einfach um Zeit, die die Lehrkräfte situativ mit einem oder mehreren Kindern verbringen, um sie zu unterstützen, sobald Lernprobleme auftreten oder aufzutreten drohen. Der gebundene Ganztag bietet genügend Freiräume für kurze oder längere Förderungen. Diese unmittelbare Unterstützung ist sehr effektiv. Sie vermeidet auch, dass Kinder in defizitorientierte Fördergruppen einsortiert werden, was stigmatisiert und entmutigt, statt aufzubauen.

Kontrolle der Ergebnisse
Die Kinder überprüfen ihre Arbeitsergebnisse zunächst selbst. Zusätzlich können sie teilweise auf Kontrollblätter zurückgreifen. Partnerkontrollen gehören ebenfalls zum Repertoire.

Einige Lernmaterialien ermöglichen eine Selbstkontrolle. Zur Endkontrolle geben die Kinder ihre Arbeiten bei der Lehrkraft ab, die gelegentlich im Unterricht Zeit dafür hat.

4.3.5 Zusammenarbeit mit den Eltern

Die Eltern waren in die gesamte Planung der Ganztagsschule einbezogen, besonders als es um die gebundene Form ging. In dieser Entwicklungsphase ließen die Eltern der Schule Zeit, den richtigen Weg zu finden, was von beträchtlichem Vertrauen zeugt.

Da mit den Kindertagesstätten in Liebertwolkwitz eng zusammengearbeitet wird, kannten auch die neuen Eltern schon das pädagogische Profil der Schule. Beim Einschulungsabend wurde den Eltern mit Filmen und weiteren Präsentationen gezeigt, wie hier gelebt und gelernt wird. Das Prinzip der Lernthekenarbeit erklärten in einer Nachmittagsveranstaltung sogar Kinder den Eltern.

Durch das Logbuch sind die Eltern ständig aktuell informiert, was ihr Kind in der laufenden Woche arbeitet und unter welchen Zielsetzungen diese Arbeit steht. Es bietet auf jeder Wochendoppelseite Raum für den Austausch von Mitteilungen zwischen Lehrkräften und Eltern. Dieses Verfahren sowie Elterngespräche geben Einblicke in die Lernprozesse der Kinder und die Gewissheit, dass Probleme rechtzeitig erkannt und kommuniziert werden.

Darüber hinaus liegt jedem Zeugnis als Anlage ein sechsstufiges Kompetenzraster bei, in dem die Lehrkräfte durch Ankreuzen den jeweiligen Stand des Kindes markieren.

Die Lernthekenarbeit wird als individuelle Förderung geschätzt, die ausreichend Lern- und Übungsmöglichkeiten bietet.

Abb. 14: Fenster zur Schule

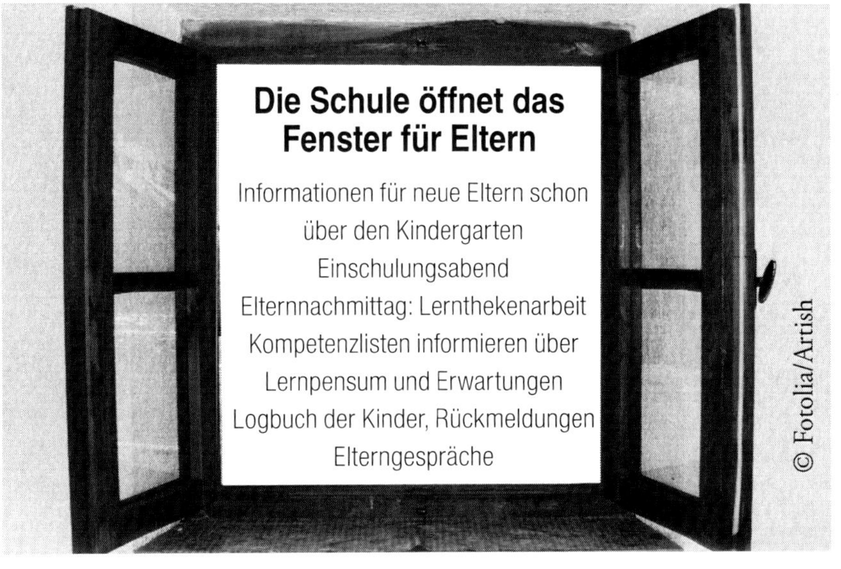

Die Eltern sehen in dem Ersatz der Hausaufgaben durch die Lernthekenzeit keinen Verlust. Ihr Verständnis von Schule ist größtenteils nicht mehr durch die Trennung von Unterricht, Üben und Hausaufgaben bestimmt. Hausaufgaben werden nicht mehr als Fenster zur Schule gebraucht, da die Eltern auf andere Weise Einblick erhalten. Durch das transparente kompetenzorientierte Arbeiten kennen sie die Erwartungen der Schule. Nur wenige Eltern meinen, ihre Kinder noch durch eine Art Parallelunterricht zusätzlich fördern zu müssen. Die Schule hat dies im Blick und versucht, aus Verantwortung für das Kind, Möglichkeiten und Grenzen der häuslichen Unterstützung aufzuzeigen.

4.3.6 Übergänge in weiterführende Schulen

Nach dem Übergang von Klasse 4 in weiterführende Schulen müssen sich die Kinder an neue Strukturen gewöhnen. Anstelle von Wochenhausaufgaben treten nun tägliche Hausaufgaben, denen in der Sekundarstufe (noch?) ein stärkeres Gewicht beigemessen wird. Die Grundschule Liebertwolkwitz bemüht sich, die Kinder darauf vorzubereiten. Das ist sicher auch ein Grund, weshalb an Grundschulen neben individuellen Lernzeiten noch verträgliche Hausaufgabenformen wie Wochenhausaufgaben beibehalten werden.

4.3.7 Lernthekenarbeit aus der Sicht von zwei Jungen

Zwei Jungen berichten, wie sie in den Lernthekenzeiten arbeiten. Sie zeigen stolz ihre Lernthekenhefte und erklären, wie sie sich damit orientieren. Mit dem Verfahren kämen sie gut zurecht, dank der Steuerung durch das Lernthekenheft.

- Auf die Frage, was sie bei der Lernthekenarbeit am liebsten machen, beginnt eine Aufzählung über die ganze Breite des Unterrichts: Mathematik und Deutsch, Schreibschrift lernen, Sätze schreiben, Lernkästen wie Lük und Logico. Besonders schätzen die beiden, dass alle Kinder so unterschiedlich arbeiten können.
- Zur Frage nach Hausaufgaben zeigen sie den grünen Ordner, in den die Hausaufgaben abgeheftet werden. Probleme sehen sie dabei nicht.
- Wenn sie bei der Lernthekenarbeit einmal nicht weiterkämen, könnten sie sich melden. Die Lehrkraft würde dann helfen.
- Ob sie genügend gelernt haben, könnten sie weitgehend selbst feststellen. Dafür hätten sie ein Gefühl. Auch von der Lehrkraft bekämen sie Hinweise, was noch zu lernen sei.
- Die elterliche Hilfe bei Hausaufgaben vermissen sie nicht. Sie hätten in der Schule gelernt und brauchten keine Hilfe zu Hause.

4.3.8 Weiterentwicklung der Lernthekenarbeit

Mit einer stärkeren Kompetenzorientierung will die Grundschule Liebertwolkwitz die Lernthekenarbeit weiter verbessern. Dabei soll die Fächerorientierung in den Hintergrund treten zugunsten thematisch orientierter Angebote. Die jahrgangsgemischten Klassen sollen über den flexiblen Schulanfang hinaus um den Jahrgang 3 erweitert werden.

Abb. 15: Ausschnitt aus Kompetenzraster (Bettina Pilz, Grundschule Liebertwolkwitz)

	erfüllt die Anforderungen noch nicht	**erfüllt die Anforderungen teilweise**			**erfüllt die Anforderungen**	**übertrifft die Anforderungen**
	6	5	4	3	2	1
Richtig schreiben						
kennt rechtschriftliche Regelmäßigkeiten						
beherrscht den Orientierungswortschatz						
beherrscht das Alphabet						
hat Einblick gewonnen in den Umgang mit dem Wörterbuch						
kennt Arbeitstechniken						
...						
Sprache untersuchen						
kennt Wortarten						
kennt eine Form der Wortbildung						
kennt Formen der Wortschatzerweiterung						
kennt Satzbau und -funktion						
...						
Mathematik						
Geometrie						
kennt Lagebeziehungen						
kennt Fachbegriffe						
...						

4.3.9 Empfehlungen für andere Schulen

Der Schulleiter, Herr Arnold, empfiehlt, sich Zeit zu nehmen für den Entwicklungsprozess zu individuellen Lernzeiten. Dabei sollten Erfolge in diesem Prozess bewusst gemacht werden, denn ein Kollegium brauche Erfolgserlebnisse. Das stärke jeden Einzelnen. Sehr wichtig sei die Zusammenarbeit mit einem regelmäßigen Austausch. Er habe auf Teamarbeit gedrungen, auch im Interesse der Lehrkräfte. Man unterstütze sich ebenso bei Elterngesprächen, die generell im Team, also zu zweit, geführt würden. Das schätze mittlerweile das gesamte Kollegium.

Der Unterricht werde in Jahrgangsteams bei den wöchentlichen Treffen gemeinsam vorbereitet. Dafür hat die Schule Arbeitsplätze eingerichtet, die als Lehrerbüro ausgestattet sind.

4.4 Individuelle Lernzeiten an der Willemerschule, Frankfurt am Main

4.4.1 Daten zur Schule

Schulleiterin: Alexandra Merkel
Willemerschule
Grundschule der Stadt Frankfurt am Main
Willemerstraße 12
60594 Frankfurt
Telefon: 069-212-33529
Fax: 069 212-38523
E-Mail: poststelle.willemerschule@stadt-frankfurt.de
Homepage: http://willemerschulefrankfurt.wordpress.com

Zahlen

- Ca. 260 Kinder aus 37 unterschiedlichen Nationen
- 27 Lehrkräfte
- 18 pädagogische Fachkräfte des Internationalen Bundes (Kooperationspartner) Weitere Kooperationspartner s. Abbildung 1

Blitzlichter

- Ganztagsschule im Profil 2 (in Hessen gibt es aufsteigend die Profilstufen 1 bis 3)
- Modularisierter Ganztag von 7.30 – 16.30 Uhr, Pflichtunterricht zwischen 8.00 und 15.00 Uhr
- Seit dem Schuljahr 2012/13 inklusiver Unterricht
- 3 Vorlaufkurse, in denen Sprachdefizite schon vor der Einschulung kompensiert werden

Abb. 1: Kooperationspartner

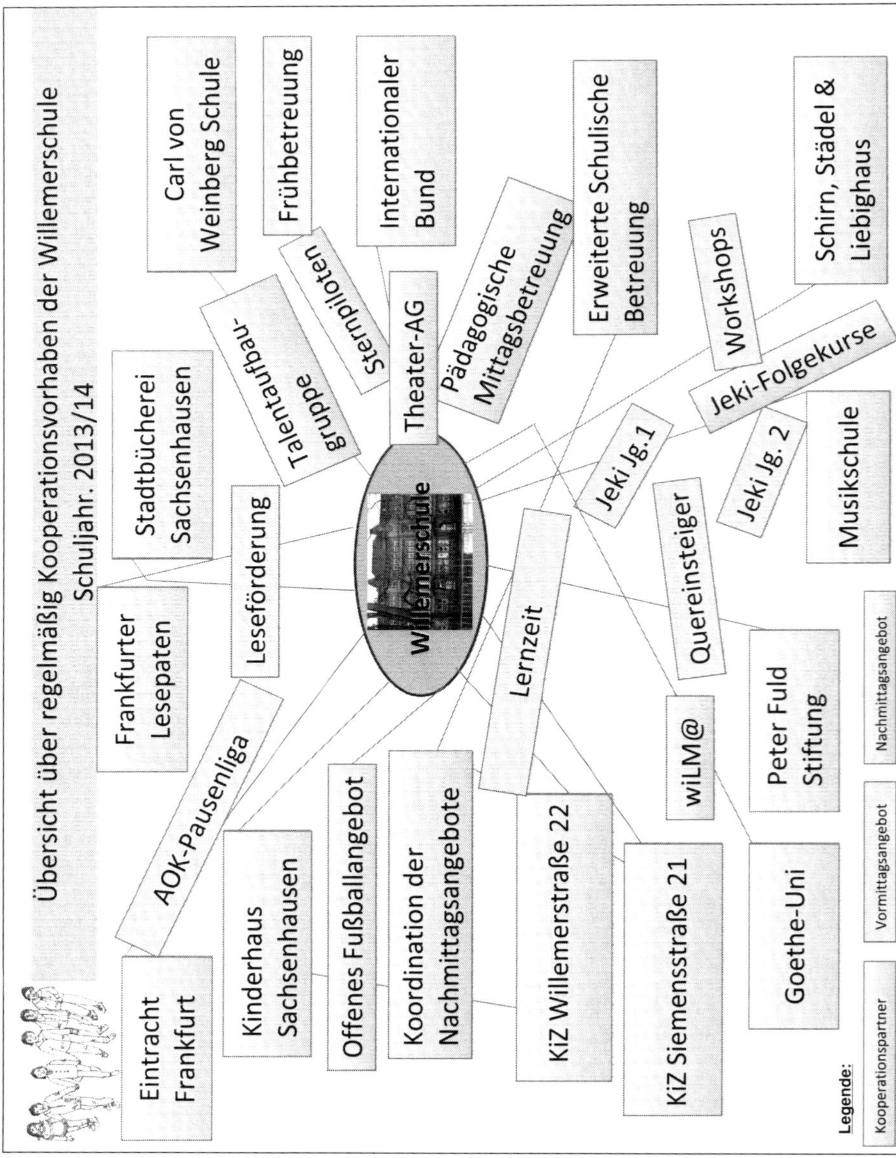

(© Willmerschule Frankfurt am Main)

- Im Jahrgang 3 und 4 zusätzliche freie Lernzeiten im PC-Raum, in der Lernwerkstatt Sprache und der Schülerbücherei
- Kooperationsprojekt Musik mit der Musikschule
- Bilingualer Zweig Deutsch-Italienisch im Aufbau (in jedem Jahrgang wird eine Klasse bilingual deutsch-italienisch unterrichtet)
- Frühenglisch im 2. Schuljahr einmal in der Woche am Vormittag
- Schulchor für Kinder der Klassen 3 und 4 im Rahmen des Vormittags
- Unterricht in der Herkunftssprache Kroatisch und Türkisch
- Präventionsprogramm
- Fördern und Fordern
- Deutsch-PC: ein Sprachförderkonzept mit ergänzendem Einsatz von Personalcomputern. Der Schwerpunkt liegt im 1. Schuljahr mit zehn Wochenstunden pro Klasse. Im zweiten Schuljahr sind es noch fünf Wochenstunden pro Klasse.
- Offenes Elterncafé einmal pro Woche, betreut durch eine Lehrkraft und eine Fachkraft aus einem Projekt der Stadt Frankfurt. Ziel: informeller Austausch über die Arbeit der Schule. Gelegentlich nimmt die Schulleiterin daran teil.

4.4.2 Pädagogischer Hintergrund

Wir wollen alle Kinder
zu selbstbewussten, toleranten, kontaktfreudigen,
kritischen und weltoffenen jungen Menschen erziehen,
um ihre Zukunftschancen zu erweitern.

Leitbild der Willemerschule

Sechs Basisideen zeigen die konkrete Operationalisierung dieses Leitbildes in der Ausgestaltung des Schulalltags. Relevant für die Lernzeiten sind die Einbindung der Kooperationspartner und das individuelle Lernen, was sich in der

Arbeit mit Tages- oder Wochenplänen, Werkstätten und sonstigen offenen Unterrichtsformen manifestiert. Dies findet in den Lernzeiten seine Entsprechung durch die Arbeit mit individuellen Plänen.

4.4.3 Einführung der Lernzeiten

Die Willemerschule entschloss sich zur Einführung von Lernzeiten anstatt Hausaufgaben aus folgenden Gründen:

- Hausaufgaben verursachen häusliche Konflikte.
- Hausaufgaben führen zu Konflikten bei der Hausaufgabenbetreuung im Nachmittagsbereich.
- Viele Kinder können zu Hause keine Hilfe bei den Hausaufgaben erhalten.
- Durch Lernzeiten und individuelles Lernen im übrigen Unterricht entsteht ein Synergieeffekt, durch den alle Kinder besser gefördert und herkunftsbedingte Benachteiligungen besser kompensiert werden können.

Statt Hausaufgaben gibt es seit Herbst 2011 für alle Kinder Lernzeiten am Vormittag zusätzlich zu den Pflichtstunden. Die individuellen Lernzeiten entsprechen dem teilintegrativen Modell (siehe Kapitel 3, Abbildung 3).

Mit diesen Lernzeiten sind folgende Zielsetzungen verbunden:

- Individuelle Förderung und Forderung durch individuelle Lernpläne
- Effektives Lernen in kleinen Gruppen durch Doppelbesetzung (möglich durch Kooperationspartner)
- Förderung des selbstständigen Lernens und damit auch Vorbereitung auf die weiterführenden Schulen
- Kompensatorische Förderung durch Unterstützung aller Kinder
- Sicherheit für die Entwicklung eigenständigen Lernens durch gleichbleibende Bezugspersonen, Ritualisierung von Lernabläufen und durch einheitlich strukturiertes Material

Mit der Umsetzung dieser Ziele ergeben sich Chancen und Nutzen für alle Beteiligten (siehe Abbildung 2).

Abb. 2: Chancen und Nutzen des Lernzeitkonzeptes

(© Willemerschule Frankfurt am Main)

4.4.4 Organisation der Lernzeiten

Lernzeiten werden zusätzlich zu den Pflichtstunden am Vormittag durchgeführt. Die Wochenstundenzahl orientiert sich an rechtlichen Vorgaben für den zeitlichen Umfang von Hausaufgaben.

Abb. 3: Umfang der Lernzeiten

1. Schuljahr	2 Lernzeitstunden
2. Schuljahr	2 Lernzeitstunden
3. Schuljahr	3 Lernzeitstunden
4. Schuljahr	4 Lernzeitstunden

Alle Lernzeiten sind mit der Klassenlehrerin oder dem Klassenlehrer oder einer Lehrkraft aus dem Bereich Deutsch-PC und mit einer pädagogischen Fachkraft doppelt besetzt. Die pädagogischen Fachkräfte kommen von den Betreuungseinrichtungen Internationaler Bund, Kinderzentrum der Stadt Frankfurt Willemerstraße, Kinderzentrum der Stadt Frankfurt Siemensstraße und von der Peter Fuld Stiftung.

Die Lehrkräfte koordinieren die Lernzeiten in Jahrgangsteams an dem verbindlichen wöchentlichen Präsenztag. Sie erstellen die individuellen Lernzeitpläne auf einem einheitlichen Formular. Die Differenzierung erfolgt in drei Stufen. In den Lernzeiten sind die Pläne für Kinder und Begleitpersonal durch Hängeregister zugänglich. Eine farbliche Kennzeichnung nach Jahrgängen erleichtert die Orientierung. An den Lernplänen wird eine oder zwei Wochen lang gearbeitet. Die Abbildungen der Lernzeitformulare zeigen in der untersten Zeile Aufgaben zu Forschen und Spielen. Diese Bereiche sind freiwillig.

Die Fächer Deutsch und Mathematik liegen in der Hand der Klassenlehrerin oder des Klassenlehrers. Damit sind diese Bereiche auch in den Lernzeiten vertreten, wodurch der Bezug zum Unterricht gefestigt wird.

Was passiert, wenn ein Kind in den Lernzeiten sein Aufgabenpensum nicht erledigt? Auf keinen Fall werden Restaufgaben mit nach Hause gegeben. Dies würde die negativen Effekte der Hausaufgaben dort wieder aufleben lassen. Unter anderem könnten sich Kinder durch Bummelei Zeit mit Mama oder Papa erkaufen, die ja nun gezwungen sind, sich ihrem Kind bei den Resthausaufgaben zuzuwenden.

Wenn ein Kind bei den Lernzeiten seinen Plan nicht schafft, suchen die Lernzeitbegleiter die Gründe dafür. Wurde eine Aufgabe nicht verstanden? War das Pensum zu umfangreich? Wenn die nichterledigte Aufgabe wichtig für den Lernfortschritt des Kindes ist, wird sie im Unterricht nachgearbeitet. Liegen Defizite vor, erhält das Kind Unterstützung.

Übrigens wurden absichtliche Bummeleien von Mal zu Mal weniger und treten heute überhaupt nicht mehr auf.

4.4.5 Zusammenarbeit mit den Eltern

Über die Lernzeitordner, die wöchentlich nach Abschluss jedes Lernplans mit nach Hause gegeben werden, erhalten die Eltern Einblick in die Arbeit ihres Kindes. Es wird erwartet, dass die Eltern die Lernzeitpläne regelmäßig abzeichnen.

Abb. 4: Lernzeitformular 1

Name: ______________________

Lernzeitplan vom 05.03. bis zum 09.03.2012

Fach	Aufgabe	✓	Selbst-kontrolle	L
Lesen	Lesetext - Wie die Kartoffel zu uns kam AB zum Lesetext			
Schreiben	AB Lernwörter "Kartoffel" Konfetti Sammelseite 10/11			
Rechnen	AB "schriftlich addieren und subtrahieren" Lernwerkstatt 8 "Schriftliche Addition und Subtraktion"			
Forschen / Spielen	Zeitleiste - Wie die Kartoffel zu uns kam Spiele rund um die Kartoffel			

Du hast im Lesen _____ von _____ Aufgaben geschafft

Du hast im Schreiben _____ von _____ Aufgaben geschafft.

Du hast im Rechnen _____ von _____ Aufgaben geschafft.

Unterschrift: ______________________

(© Willemerschule Frankfurt am Main)

Abb. 5: Lernzeitformular 2

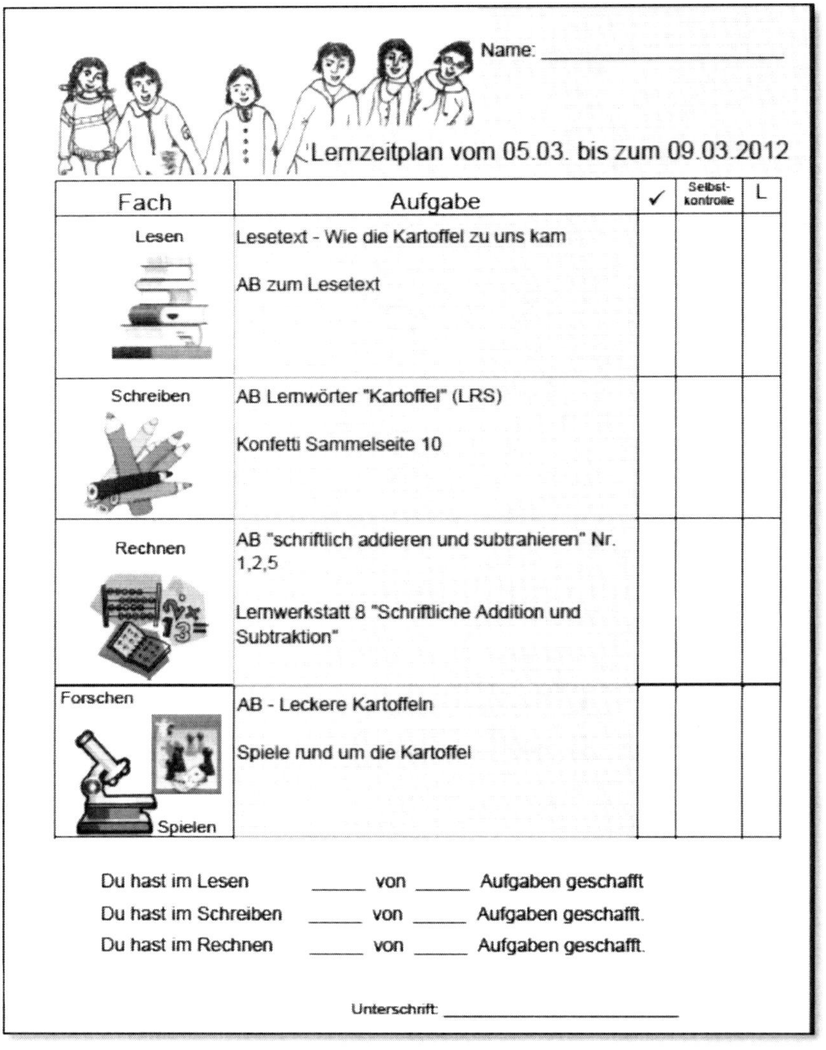

Name: ____________________

Lernzeitplan vom 05.03. bis zum 09.03.2012

Fach	Aufgabe	✓	Selbst-kontrolle	L
Lesen	Lesetext - Wie die Kartoffel zu uns kam AB zum Lesetext			
Schreiben	AB Lernwörter "Kartoffel" (LRS) Konfetti Sammelseite 10			
Rechnen	AB "schriftlich addieren und subtrahieren" Nr. 1,2,5 Lernwerkstatt 8 "Schriftliche Addition und Subtraktion"			
Forschen / Spielen	AB - Leckere Kartoffeln Spiele rund um die Kartoffel			

Du hast im Lesen _____ von _____ Aufgaben geschafft

Du hast im Schreiben _____ von _____ Aufgaben geschafft.

Du hast im Rechnen _____ von _____ Aufgaben geschafft.

Unterschrift: ____________________

Danach erfolgt die Ablage durch die Kinder im jeweiligen Aktenordner im Klassenraum.

Halbjährlich werden die Eltern zu Gesprächen eingeladen, zu denen auch die Lernzeitmaterialien der Kinder bereitliegen. Erläutert wird dabei auch die Arbeitsweise sowohl in den Lernzeiten als auch im übrigen Unterricht. Nach Absprache können Eltern in den Lernzeiten hospitieren.

Am zweiten Elternabend des ersten Schuljahres lernen die Eltern die Arbeit in den Lernzeiten kennen, indem mit ihnen ein Lernplan durchgespielt wird.

Die Eltern wurden über die Einführung der Lernzeiten mit einem ausführlichen Elternbrief informiert. Zusätzlich enthält die Homepage der Schule umfassende, sehr gut strukturierte Informationen, nicht nur über die Lernzeiten. Der Ersatz von Hausaufgaben durch Lernzeiten in der Schule bedingt eine andere Elternrolle bei der Unterstützung und Begleitung ihrer Kinder durch die Schulzeit. Dazu gibt es Anregungen, was die Eltern in den Alltag integrieren können (siehe Abbildung 6). Vor allem empfiehlt die Schule den Eltern, gemeinsam mit ihren Kindern schöne Sachen zu machen, die nützlich sind, aber auch allen Beteiligten Freude bereiten. Es fehlt auch nicht der deutliche Hinweis auf freie, unstrukturierte Zeiten, in denen Kinder bei freiem Spiel entspannen und sich kreativ entfalten können.

4.4.6 Evaluation der Lernzeiten

Nachdem im Herbst 2011 mit den Lernzeiten begonnen wurde, führte die Schule im Mai 2012 eine Evaluation durch, um eine Grundlage für Weiterentwicklung und Qualitätssicherung zu gewinnen. Kinder, Eltern, Lernzeitbegleiter und Lehrkräfte wurden befragt. Die Kinder erhielten Fragebögen zum Ankreuzen mit konträren Aussagenpaaren innerhalb bestimmter Bereiche. Die Erwachsenen hatten Aussagen in vier Stufen zu bewerten. Folgende Bereiche der Lernzeiten wurden evaluiert:

- Durchführung
- Lernerfolg und Differenzierung
- Lernverhalten
- Arbeitsatmosphäre und Arbeitszufriedenheit
- Kooperation

- Vorbereitung
- Nachbereitung
- Auswirkung auf den Alltag
- Perspektive

Abb. 6: Anregungen für Lernanlässe zu Hause

Projekt Offene Frankfurter Ganztagsschule: Lernzeit

Anregungen für Lernanlässe im Alltag

	Lesen	Schreiben	Rechnen
1./2. Schuljahr	- vorlesen - gemeinsam mit den Kindern lesen - gemeinsamer Besuch der Stadtteilbibliothek Bücher ausleihen - Kinder Erlebnisse erzählen lassen ohne beim Sprechen zu unterbrechen	- Laute zuordnen: Bild zeigen – Welchen Laut hörst du am Anfang?  A wie Affe Hilfe: Anlauttabelle - kleine Zettel oder Briefe schreiben lassen - immer lautgetreu - kleine Geschichten schreiben lassen – **alleine** Wichtig: **Rechtschreibung nie verbessern**	- Zahlzerlegung bis 10, später bis 20 Beispiel: 4=2+2 ; 4=1+3 - Zehnerfreunde (die Zahl 10 zerlegen) Beispiel: 2+8 ; 4+6 ; 5+5 - zählen: Vorwärts, rückwärts und in Schritten (z.B. 2, 4, 6, 8 ...) - Geldmünzen und kleine Geldscheine erkennen - Zahlzerlegung bis 100 - Hunderterfreunde (glatte Zehnerzahlen 20+80) - zählen: Vorwärts, rückwärts und in Schritten (Fünferschritte, Zehnerschritte) - kleine Einkäufe (Kiosk) – üben, was man zurück bekommt
3./4. Schuljahr	- vorlesen - Kinder vorlesen lassen (Geschichten, Rezepte, Spielanleitungen) - gemeinsamer Besuch der Stadtteilbibliothek ganze Bücher ausleihen, lesen Wichtig: **Kinder entscheiden selbst, was sie lesen wollen!** (auch Bilderbücher; für Lesemuffel auch Comics)	- Alltagsschreiben: Briefe, Einkaufszettel, Merkzettel, Rezepte, Wunschzettel schreiben lassen - Rechtschreiben: Robotersprache sprechen (Ro – bo – ter – spra – che – macht – Spaß!) **Rechtschreiben übt man durch genaues Sprechen auch der Endungen.** - Wortschatz: Gegenteile finden (kalt – warm, lang – kurz) Rätselfragen stellen Teekesselchen (Hahn: Federvieh oder Wasserhahn)	- Einmaleins üben/**automatisieren** - in großen Schritten vorwärts und rückwärts zählen (Zahlenfolgen) - Kopfrechnen trainieren Beispiel: 10 000 + 90 000 = 100 000; 200 000 + 800 000 = 1 000 000 - große Zahlen benennen lassen Beispiel: Kilometerzähler ablesen
Allgemein	Umgang mit Größen im Alltag: - gemeinsam kochen und backen (Rezept lesen, Zutaten abmessen/abwiegen) - einkaufen (Einkaufszettel lesen, Zutaten suchen, bezahlen, Wechselgeld nachrechnen)		

(© Willemerschule Frankfurt am Main)

Das Ergebnis zeigt eine hohe Akzeptanz der eingeführten Lernzeit bei allen Beteiligten. Besonders das individuelle, selbstständige Lernen der Kinder wird gefördert. Die Konflikte in den Kinderzentren und zu Hause nahmen deutlich ab, nachdem der Konfliktherd Hausaufgaben beseitigt und durch Lernzeiten in der Schule ersetzt wurde. Da die Mehrheit der Befragten einer Fortführung positiv gegenüberstand, wurden die Lernzeiten im Anschluss an die Evaluation in das Schulprogramm aufgenommen.

Der Wunsch nach mehr Austausch zwischen allen Lernzeitbegleitern führte zu einem halbjährlichen Treffen aller pädagogischen Fachkräfte mit den Lehrerinnen und Lehrern. Ansonsten musste man sich auf informellen Austausch beschränken, da die Zeitfenster der unterschiedlichen Professionen nicht deckungsgleich sind.

Um den Eltern noch mehr Transparenz zu bieten, werden nun nicht nur die Lernpläne, sondern alle schriftlichen Materialien mit nach Hause gegeben.

Die Fokussierung der Lernzeiten auf Üben bewährte sich ebenso wie die äußeren Strukturen, die den Lernzeitbegleitern eine Orientierung geben.

Abb. 7: Evaluation Perspektive

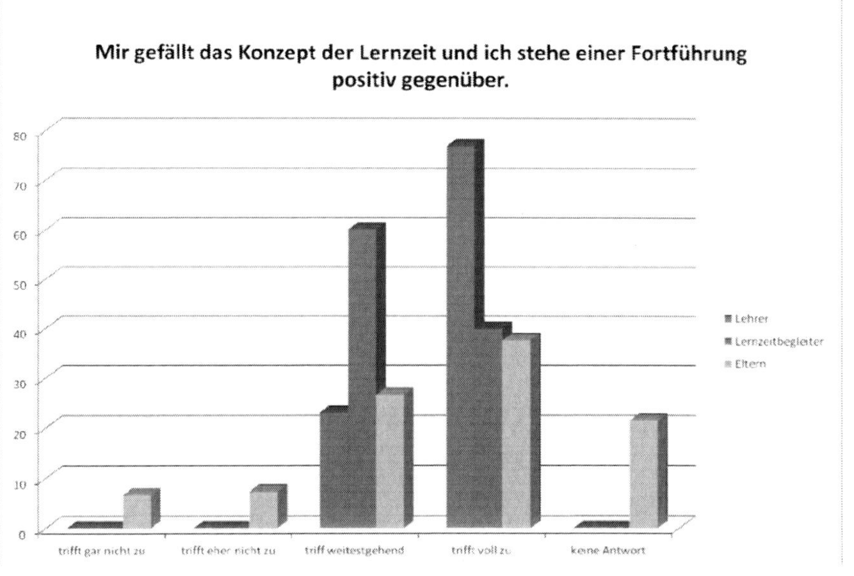

(© Willemerschule Frankfurt am Main)

Abb. 8: Zusammenfassung der Ergebnisse

Lernzeit-Evaluation

Kurzvorstellung für die Schulkonferenz am 17.09.2012

Angaben in %,

Anzahl der abgegebenen Bögen: Lehrerinnen 13, LernzeitbegleiterInnen 10, Eltern 135, Kinder 201

1. Eine Mehrheit der Eltern, Lehrerinnen, LernzeitbegleiterInnen und Kinder steht dem Konzept der Lernzeit und einer Fortführung positiv gegenüber:

		trifft gar nicht zu	trifft eher nicht zu	trifft weitest-gehend zu	trifft voll zu	ohne Antwort
Lehrerinnen	Mir gefällt das Konzept der Lernzeit und ich stehe einer Fortführung positiv gegenüber.	0	0	23,08	76,92	0
Lernzeitbegleiter		0	0	60	40	0
Eltern		6,66	7,4	26,66	37,77	21,48

Kinder

Ich arbeite gerne in der Lernzeit. 73,63

Ich arbeite nicht so gerne in der Lernzeit. 26,37

2. Eine Mehrheit der Lehrerinnen und LernzeitbegleiterInnen empfindet die Doppelsteckung als hilfreich:

		trifft gar nicht zu	trifft eher nicht zu	trifft weitest-gehend zu	trifft voll zu	ohne Antwort
Lehrerinnen	Die Doppelsteckung ist hilfreich	0	0	0	100	0
Lernzeitbegleiter		0	0	20	80	0

3. Eine Mehrheit der Lehrerinnen und LernzeitbegleiterInnen meint, der zeitliche Rahmen für die Lernzeit ist angemessen:

		trifft gar nicht zu	trifft eher nicht zu	trifft weitest-gehend zu	trifft voll zu	ohne Antwort
Lehrerinnen	Der zeitliche Rahmen für die Lernzeit ist angemessen.	0	7,69	23,08	69,23	0
Lernzeitbegleiter		0	0	50	40	10

Abb. 9: Ergebnisse Kinder

Kinder 1

EVALUATION

der Lernzeit-Pilotphase

an der Willemerschule

Oktober 2011 – Juni 2012

Gruppe: Kinder (201 Bögen) Angaben in %

Durchführung

- ❐ Ich weiß, wie ich mit meinem Lernzeitplan arbeite. 95,52
- ❐ Ich verstehe nicht, wie ich mit dem Lernzeitplan arbeiten muss. 4,48

- ❐ Ich kenne die Lernzeit-Regeln. 94,52
- ❐ Ich kenne die Lernzeit-Regeln nicht. 5,48

Lernerfolg & Differenzierung

- ❐ Die Aufgaben, die ich in der Lernzeit bekomme, entsprechen dem, was ich kann. 84,08
- ❐ Die Aufgaben, die ich in der Lernzeit bekomme, sind mir zu schwer. 15,92

- ❐ Ich sehe, wenn sich meine Aufgaben im Lernzeitplan verändern, sie leichter oder schwieriger, mehr oder weniger werden. 90,05
- ❐ Ich kann nicht erkennen, wenn sich meine Aufgaben im Lernzeitplan verändern. 8,96 0,9 % o.A.

- ❐ Am Ende der Lernzeit weiß ich, ob ich gut gearbeitet habe. 87,56
- ❐ Ich weiß am Ende der Lernzeit nicht Bescheid, ob ich gut gearbeitet habe. 12,44

Arbeitsatmosphäre & Arbeitszufriedenheit

- ❐ Ich finde es gut, dass während der Lernzeit in kleineren Gruppen gearbeitet wird. 56,72

Kinder 2

- ❐ Mir ist es egal, ob ich in einer großen oder einer kleinen Gruppe arbeite. 43,28

- ❐ Während der Lernzeit ist es ruhig, so dass ich gut arbeiten kann. 48,26
- ❐ In der Lernzeit ist es mir zu laut. 51,7

- ❐ Ich bekomme Hilfe, wenn ich sie brauche. 88,56
- ❐ Ich fühle mich in der Lernzeit nicht genügend unterstützt. 11,44

Lernverhalten

- ❐ Ich arbeite gerne in der Lernzeit. 73,63
- ❐ Ich arbeite nicht so gerne in der Lernzeit. 26,37

- ❐ Ich kann meine Aufgaben in der Lernzeit fast immer alleine lösen. 77,61
- ❐ Ich brauche oft Hilfe während der Lernzeit, weil ich Aufgaben nicht alleine verstehe. 22,30

- ❐ In der Lernzeit werde ich mit meinen Aufgaben oft fertig. 64,18
- ❐ In der Lernzeit werde ich mit meinem Plan oft nicht fertig. 35,82

Auswirkungen auf meinen Alltag

- ❐ Es fällt mir leichter in der Schule zu lernen. 77,11
- ❐ Es fällt mir leichter zu Hause zu lernen. 22,89

- ❐ Ich habe nun mehr Zeit, mit meiner Familie schöne Dinge zu machen. 59,7
- ❐ Wir machen genauso viele schöne Dinge wie früher zusammen. 26,87
- ❐ Die Zeit am Nachmittag nutzen wir kaum für schöne Dinge. 13,43

(© Willemerschule Frankfurt am Main)

4.4.7 Meinung einer Mutter zu den Lernzeiten

Wir baten eine Mutter um ihre Meinung zu Hausaufgaben und Lernzeiten. Sie erhielt ein Blatt mit Aussagen, zu denen sie schriftlich Stellung nahm.

Mutter: Erst einmal möchte ich mich kurz vorstellen: Ich habe eine Tochter, die in die 4. Klasse geht und bisher eigentlich noch nie Hausaufgaben hatte. In der 1. Klasse gab es mal vereinzelt Hausaufgaben, da die Lernzeit offiziell erst im 2. Schuljahr an der Schule eingeführt wurde, aber das hielt sich sehr in Grenzen. Ich habe aber auch einen Sohn, der bereits die 9. Klasse besucht und dementsprechend auch in seiner Grundschulzeit sich schon mit Hausaufgaben befassen musste. So habe ich durchaus einen guten Vergleich!

- Lernzeiten statt Hausaufgaben vermindern die häuslichen Konflikte mit den Kindern.

Mutter: Dem stimme ich voll und ganz zu! Ich muss nach einem vollgepackten Tag mit Sport, Musik etc. nicht abends um 18.30 Uhr nachfragen, ob alles erledigt ist und dann unter Tränen erfahren, dass noch gar nichts erledigt ist. Da entstand doch öfters mal der eine oder andere Konflikt.

- Hausaufgaben sind stressig für Kinder.

Mutter: Das muss nicht unbedingt sein. In Fächern, die Kinder mögen und die leicht für sie sind, kann es durchaus auch mal Spaß machen, sich zu Hause weiter mit dem Thema zu beschäftigen. Allerdings steht hinter Hausaufgaben immer der Zwang und die seit Jahrzehnten weitergegebene und gern gepflegte Unlust am Thema, sodass eher selten Freude aufkommt.

- Auch bei Lernzeiten haben Eltern einen Einblick in den Schulalltag und den Lernstand ihres Kindes.

Mutter: Durch die regelmäßige Übermittlung des Lernzeitplans mit den dazugehörigen Aufgaben habe ich genug Übersicht über den Lehrstoff. Wenn ich möchte, kann ich jeden Tag mein Kind fragen, was es in der Schule gemacht hat, kann mir seine Hefte zeigen lassen und habe nicht mehr oder weniger Kontrolle als bei der Durchsicht von Hausaufgaben.

- Bei Lernzeiten kommt das Üben zu kurz.

Mutter: Hier muss ich mich leider als „faule“ Mutter outen, die das Glück hat, mit Kindern gesegnet zu sein, die problemlos alles alleine bewältigen können. Bei uns genügt auf jeden Fall das was in der Lernzeit gemacht wird. Allerdings würde ich es aber auch nicht als Problem ansehen, mit meinem Kind zu Hause noch zu üben, wenn ich merken würde, dass es noch weitere Hilfe benötigt. Aber das ist doch bei Hausaufgaben genauso?! Manchen Kindern reichen die Hausaufgaben als Übung auch nicht.

- Mit Hausaufgaben lernen die Kinder das selbstständige Arbeiten.

Mutter: Das glaube ich eher nicht, da viel öfter mal der leichte Weg genommen wird und die Mama oder der Papa gefragt werden, wenn man eine Lösung nicht sofort weiß. Auch erhält man jeden Tag (zumindest in der Grundschule) sein kleines Arbeitspaket, das bis zum nächsten Tag abgearbeitet sein muss. Ich finde, dass die Kinder bei einem Lernzeitplan, der über eine Woche läuft, eher Struktur und Zeitmanagement lernen.

- Mit Hausaufgaben gleichen Kinder Lerndefizite aus.

Mutter: Das machen sie in der Lernzeit doch genauso. Sogar noch viel gezielter, da die Lernzeitpläne sehr viel personalisierter sind als Hausaufgaben.

- Es ist selbstverständlich, dass Eltern ihren Kindern bei den Hausaufgaben helfen.

Mutter: Finde ich nicht. Die Lehrer möchten doch eine Kontrolle, was die Kinder können und nicht, was die Eltern können. hat ein Kind große Probleme bei einer Hausaufgabe, ist es natürlich OK, wenn man ihm Hilfestellung gibt, oder ein Thema nochmals versucht zu erklären. Aber man sollte immer aufpassen, dass das Kind die Lösung findet und nicht die Eltern sie vorgeben.

- Hausaufgaben überfordern oder unterfordern Kinder. Lernzeiten ...

Mutter: ... helfen, genauer auf die Stärken und Defizite von Schülerinnen und Schülern eingehen zu können.

- Auch bei Lernzeiten sollen die Kinder zu Hause ...

Mutter: ... noch üben, falls notwendig. Allerdings darf man es gerne ein wenig „verspielt“ verpacken: Das (klitze)kleine Einmaleins übt man beim Kniffel, für die Rechtschreibung diktiert man Einkaufszettel, zu den unterschiedlichen Sachkundethemen findet sich immer irgendwo eine Ausstellung oder ein interessantes Buch.

- Die Eltern sind über das Konzept der Lernzeiten an der Willemerschule informiert durch ...

Mutter: ... Elternabende, Rundschreiben.

- Das Konzept der Lernzeiten an der Willemerschule ...

Mutter: ... funktioniert in meinen Augen sehr gut. Mein Kind wird gefordert und gefördert, langweilt sich nicht, geht gerne zur Schule, fühlt sich immer gut vorbereitet und hat keine Angst vor Prüfungen.

- Die Kinder sind in den Lernzeiten an der Willemerschule gut aufgehoben, weil ...

Mutter: ... sie individueller gefördert werden können.

- Eltern waren bei der Einführung der Lernzeiten an der Willemerschule beteiligt durch ...

Mutter: ... Erarbeitung von Ideen im Zuge des World Cafés und Mitwirkung bei der Konzepterstellung.

- Das möchte ich zu Hausaufgaben/Lernzeiten noch sagen:

Mutter: Es muss darauf geachtet werden, dass in den Lernzeiten ein konzentriertes Arbeiten möglich ist. Es darf nicht zur Spielstunde mutieren, wenn einige Kinder ihren Plan schon fertig oder keine Lust zum Arbeiten haben. ...
Ansonsten möchte ich als Mutter keine Hausaufgaben zurückhaben. Ich genieße, dass mein Kind frei hat, wenn es aus der Schule kommt und wir entspannt unseren Tag verplanen können, wenn wir möchten. Es ist sogar schon so weit, dass es mich nervt, wenn andere Treffen absagen oder früher gehen bzw. später kommen, weil ihre Kinder mit den Hausaufgaben noch nicht fertig sind.

Auch befürworte ich sehr das individuellere Lernen im Gegensatz zu den für alle gleichen Hausaufgaben. Es kann nicht so viel gemogelt werden, es geht weniger Leerzeit für das Kontrollieren der Hausaufgaben verloren und ich habe das Gefühl, dass die Lernzeitaufgaben durch die Lehrer intensiver korrigiert werden können.

…

4.5 Individuelle Lernzeiten an der Freiherr-vom-Stein-Schule in Rodgau

Um den Rahmen des Buches nicht zu sprengen, beschränken wir uns bei der Freiherr-vom-Stein-Schule auf ausgewählte Bausteine, die das Spektrum noch erweitern und weitere Anregungen für die praktische Umsetzung von Lernzeiten bieten.

4.5.1 Daten zur Schule

Schulleiterin: Ursula Eller
Freiherr-vom-Stein-Schule
Freiherr-vom-Stein-Straße 11
63110 Rodgau
Telefon: 06106 25660
Homepage: www.fvss-rodgau.de

Zahlen
290 Kinder
20 Lehrkräfte

Blitzlichter

- Ganztagsschule im Profil 2 (in Hessen gibt es aufsteigend die Profilstufen 1 bis 3).
- drei- bis vierzügig
- Flexibler Schulanfang: Jedes Kind wird eingeschult. Für die Jahrgänge 1 und 2 gibt es altersgemischte Klassen, die die Kinder in einem, in zwei oder in drei Jahren absolvieren können.
- Schwerpunkt: individuelles Lernen
- Inklusion, langjährige Erfahrung mit gemeinsamem Unterricht
- Betreuung organisiert durch den Förderverein der Schule

Rhythmisierung
Der Unterricht beginnt einheitlich für alle Klassen um 8.00 Uhr und endet für alle um 13.30 Uhr. Die Jahrgänge 3 und 4 erhalten den Sportunterricht zumindest teilweise am Nachmittag.

Abb. 1: Tagesablauf an der Freiherr-vom-Stein-Schule, Vormittag

Tagesablauf - Vormittag

Zeit	Aktivitäten
7:00 – 7:45	Betreuung möglich
8:00 – 9:45	1. Unterrichtsblock Freie Arbeitszeit, Arbeit am Lernplan, Morgenkreis, etc. incl. 10 min gemeinsames Frühstück
9:45 – 10:10	Pause
10:10 – 11:45	2. Unterrichtsblock
11:45 – 12:30	Pause Mittagessen / 2. Frühstück
12:30 – 13:30	3.Unterrichtsblock

4.5.2 Hausaufgaben – individuelle Lernzeiten

In den Jahrgängen des flexiblen Schulanfangs gibt es keine Hausaufgaben. Die individuellen Lernzeiten entsprechen dem integrativen Modell (siehe Kapitel 3, Abbildung 4) und werden nicht eigens im Stundenplan ausgewiesen. In der Regel liegen sie in der Hand der Klassenlehrerin bzw. des Klassenlehrers. Ansonsten werden Absprachen getroffen, was in der jeweiligen Lernzeit zu tun ist. Die Lernzeiten erlauben den Lehrkräften eine präventive Förderung der Kinder. Sobald Probleme bei den individuellen Lernprozessen erkennbar sind, werden diese in den Lernzeiten aufgegriffen, und das jeweilige Kind wird unterstützt, seine Schwierigkeiten zu beheben.

Da die Schule im Ganztagsprofil 2 arbeitet, ist die Zuweisung an Lehrerstunden etwas höher, sodass auch für die Jahrgänge 1 und 2 der Unterricht über die Pflichtstunden hinaus bis 13.30 Uhr erweitert werden konnte. Damit bleibt genügend Zeit zum Lernen in der Schule.

Abb. 2: Lernzeit im flexiblen Schulanfang
(Text: Ursula Eller, Freiherr-vom Stein-Schule, Rodgau)

Flex-Jahrgang

- keine klassischen Hausaufgaben
- (Übungsformate integriert im Unterricht in Lern- und Übungszeiten, 45 bis 60 Min. pro Tag)
- Ausnahme: ausdrücklicher Auftrag der Lehrkraft, etwas nachzuholen bzw. fertigzustellen (siehe Mitteilungsheft)
- Unterrichtsvorbereitende Dinge mitbringen
- Freiwilliges Arbeiten immer erlaubt

Für zu Hause empfiehlt die Schule folgende „Aufgaben":

- Lesen
- Antolin-Bearbeitung
- Gesellschaftsspiele
- Intensives Miteinandersprechen
- Erzählen
- Alltagsgelegenheiten nutzen
- Rechnen beim Einkaufen (Überschlag, Addition)
- Briefe, Einkaufszettel und Ähnliches schreiben

Eine Orientierung zur äußeren Rhythmisierung erhalten die Kinder durch ausgehängte Karten (Abb. 3 und 4).
Sie können danach ihre Arbeit einteilen und innerhalb der Zeiträume ihre innere Rhythmisierung gestalten (siehe dazu auch Kapitel 4.3, Abb. 7 bis 9).

Inhaltliche Hinweise geben den Kindern die Karten auf folgenden Abbildungen:

Abb. 3: Rhythmisierung – Lerntreff, Spezialauftrag ...

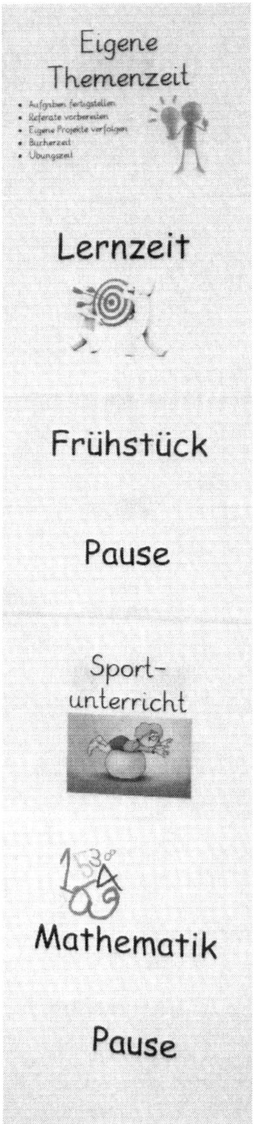

Abb. 4: Rhythmisierung – Lerntreff, Spezialauftrag (Karten Luisa Greco, Freiherr-vom-Stein-Schule, Foto Wendelin Grimm)

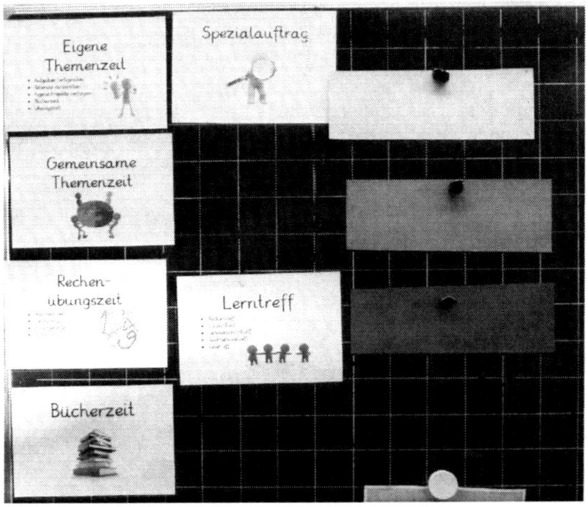

Abb. 5: Themenzeit, Lernzeit

Abb. 6: Rechenübungszeit

In den Jahrgängen 3 und 4 gibt es sowohl Wochenhausaufgaben als auch Lern- und Übungszeiten. Letztere sind mit 30 bis 40 Minuten pro Tag in den Unterricht integriert. Die Kinder arbeiten dabei an Projekten, bereiten ein Thema für den künftigen Unterricht vor oder erarbeiten Beiträge zu einem aktuellen Thema. Damit beim Übergang nach Klasse 4 in weiterführende Schulen keine Bewältigungsprobleme mit traditionellen Hausaufgaben entstehen, entschied sich die Schule für Wochenhausaufgaben. Das erlaubt den Kindern, ihre Bearbeitungszeit flexibel nach ihren sonstigen Verpflichtungen und Terminen zu wählen. In der Nachmittagsbetreuung besteht Gelegenheit, an der Wochenhausaufgabe zu arbeiten.

Abb. 7: Hausaufgaben, Lern- und Übungszeiten – Regelung für die Jahrgänge 3 und 4 (Text: Ursula Eller, Freiherr-vom-Stein Schule)

3. – 4. Jahrgang

- Wochenhausaufgaben, um flexibel die Arbeitszeiten einzuteilen
- Zusätzliche Übungsformate integriert im Unterricht in Lern- und Übungszeiten
- Ausdrücklicher Auftrag der Lehrkraft etwas nachzuholen bzw. fertig zustellen (siehe Mitteilungsheft)
- Unterrichtsvorbereitende Dinge mitbringen
- Freiwilliges Arbeiten immer erlaubt
- Regelung für Betreuungskinder (Bearbeitungszeit)

Sowohl im flexiblen Schulanfang als auch in den Jahrgängen 3 und 4 sind während der Lern- und Übungszeiten folgende Formen der Unterstützung organisiert:

- Die Kinder arbeiten gemeinsam und helfen sich gegenseitig.
- Lern- und Lesepartnerschaften werden für längere Zeiträume gebildet.
- Für bestimmte Bereiche fungieren Kinder als Experten und Chefs.
- Zu komplexen Arbeitsverfahren hängen Leitfäden aus, die mit den Kindern erarbeitet wurden (siehe Abb. 8).

Zur Kontrolle der Arbeitsergebnisse werden folgende Verfahren praktiziert:

- Selbstkontrolle eventuell mit Lösungsblättern oder durch das Lernmaterial selbst
- Kontrolle durch Partner, Experte, Chef oder durch Gruppenbesprechung
- Kontrolle durch Lehrkraft

Abb. 8: Leitfaden: Textplaner (Eller, U., Greco, L., Grimm, W. 2012, 93)

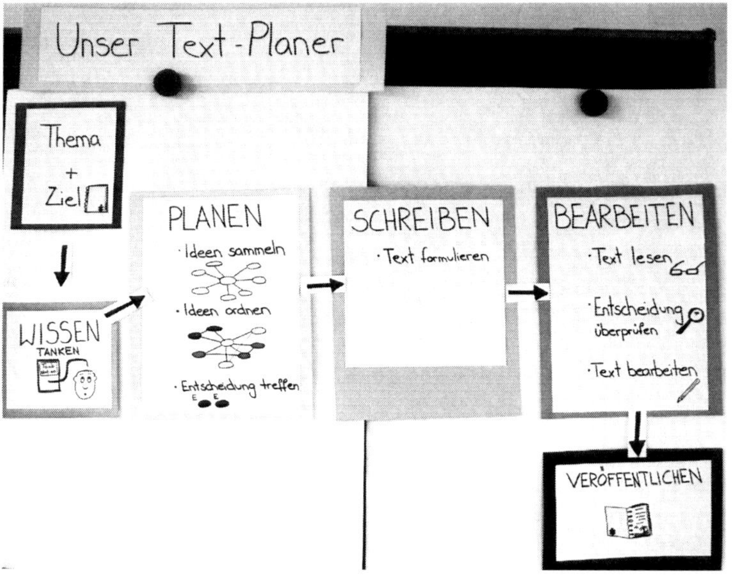

4.6 Die Stadtschule Bad Oldesloe (Schleswig-Holstein)

Schule ohne Hausaufgaben

4.6.1 Daten zur Schule

Kontakt
Schulleiterin: Sabine Prinz
Stv. Schulleiterin: Kerstin Klinck-Ruschke
Stadtschule Bad Oldesloe
Salinenstraße 20
23843 Bad Oldesloe
Telefon: 04531-504690
Fax: 04531-505694
Email: stadtschule@badoldesloe.de
Homepage: http://www.stadtschule@badoldesloe.de

Zahlen
- ca. 420 Schülerinnen und Schüler aus 30 Nationen
- 40 Lehrerinnen und Lehrer
- 2 Sozialpädagoginnen, 4 Erzieher/innen
- 8 Schulbegleiter/innen
- 14 FSJ-ler/innen

Leitsätze:
„Mehr Zeit für Kinder -
mehr Zeit zum Lernen“

Preise

- Seit 2010: Auszeichnung durch das Bildungsministerium zur Referenzschule für ganztägiges Lernen im Land Schleswig-Holstein
- Seit 2012: Auszeichnung als bundesweite Referenzschule für ganztägiges Lernen
- 2011: Auszeichnung als Zukunftsschule
- Seit 2012/13: Teilnahme am ShiB-Programm und am Enrichment-Programm.

Blitzlichter

- Gebundene Ganztagsschule
- verlässliche Schulzeiten von 7:30 bis 15:00 Uhr
- altersgerechte Rhythmisierung der Schultage (60-minütige Lernzeiten, 30-minütige Pausen)
- Klassen 1 bis 4, je 4 Klassen pro Jahrgang (= insgesamt 16 Klassen)
- Wochenaufgaben anstelle von Hausaufgaben
- Individualisierter Unterricht, selbst gesteuertes Lernen mit Wochenplänen, Lernstraßen, Stationen, in Werkstätten und Projekten
- fächerübergreifendes, handlungsorientiertes Lernen
- Angebote für Kinder mit besonderen Begabungen und für hochbegabte Kinder
- verstärktes Lernen im sprachlichen, sportlichen, musisch-ästhetischen und im naturwissenschaftlichen Bereich, z.B: Jekimu, Forscher-Club, Englisch ab Klasse 1
- Wöchentliche Informationen zu den Lerninhalten (Wochenüberblick)
- Regelmäßige Rückmeldungen zu den Lern- und Leistungsergebnissen
- Berichtszeugnisse bis Klasse 3
- Lernentwicklungsgespräche mit Schüler/innen und Eltern
- Präventionsprojekte wie z. B. „Pausenengel“
- Klassenrat und Kinderrat
- Angebot einer täglichen Ferienbetreuung (7:30 bis 15:30 Uhr) in der Schule während der Schulferienzeiten.

4.6.2 Skizzierung der Geschichte der Stadtschule Bad Oldesloe

Die Stadtschule Bad Oldesloe wurde 1839 als Volksschule gegründet und ist die älteste allgemein bildende Schule der Stadt Bad Oldesloe. Anfänglich wurden hier Kinder der Klassenstufen 1 bis 8 unterrichtet, später auch Schüler/-innen der Klasse 9.

Als „Alte Stadtschule" befand sie sich zunächst allein, später gemeinsam mit der neuen Stadtschule (Klaus-Groth-Schule) im Gebäude der heutigen Bibliothek. 1942 zog die Stadtschule in das neu errichtete Schulgebäude. Die schlechte Bausubstanz des ältesten Gebäudes sowie die Umstrukturierung des Schulsystems in Schleswig-Holstein (Auflösung vieler kleiner Landschulen) bei gleichzeitig wachsenden Schülerzahlen, erforderten die Einrichtung einer neuen großen Schule in Bad Oldesloe. Mit der Fertigstellung der Dörfer-Gemeinschaftsschule wechselte der Hauptschulzweig der Stadtschule 1973 an die Grund- und Hauptschule am Masurenweg. Zeitgleich erhielt die Stadtschule einen Neubau und wandelte sich zu einer reinen Grundschule um.

Quelle: vgl. http://www.stadtschule-badoldesloe.de/index.php/ueber-uns (Zugriff am 16.11.2014).

4.6.3 Auf dem Weg zu einer neuen Lern- und Aufgabenkultur

Bis heute hat sich die Stadtschule zu einer gebundenen Ganztagsschule entwickelt, deren Unterrichtszeiten täglich von 7:30 bis 15:00 Uhr reichen und durch Betreuungsangebote am späteren Nachmittag ergänzt werden. Die lerngerechte Taktung und Rhythmisierung spiegelt sich im Tagesablauf wider: Neben dem Angebot eines Kinderclubs (kostenpflichtig) in der Zeit von 7:00-7:30 Uhr gibt es einen Offenen Anfang und verschieden lange Lernzeiten, die durch die Integration eines Frühstücks, eine aktive Pause und ein breites Mittagsband aufgelockert werden.

In der Kernzeit haben die Kinder täglich fünf Zeitstunden Unterricht.

Lehrerinnen und Lehrer der Stadtschule haben sich in der Schulkonferenz dafür ausgesprochen, keine herkömmlichen Hausaufgaben mehr zu erteilen. Seither erhalten die Schülerinnen und Schüler in den Fächern Deutsch und Mathematik Wochenaufgaben, die sie an drei Tagen in einer vorher festgelegten Zeit bearbeiten. Diese sogenannte „Arbeitszeit" ist Teil des Stundenplans und wird in der Regel von je einer Lehrkraft und einer FSJ-Kraft begleitet. Die von den Kindern zu bearbeitenden Aufgaben sind differenziert und in der Regel zeitlich zu bewältigen. Bei auftretenden Schwierigkeiten wirken die Lehrkräfte unterstützend. Jede Wochenaufgabe ist mit einer Selbsteinschätzung der Kinder und einer Rückmeldung durch die Lehrerin oder den Lehrer verbunden. An einen Tag in der Woche bekommen die Schülerinnen und Schüler ihre erledigten Aufgaben korrigiert und kommentiert zurück und nehmen diese zum Vorzeigen mit nach Hause. Die Eltern werden gebeten, ihre Kenntnisnahme schriftlich zu bestätigen und einzuschätzen, was ihr Kind gelernt hat.

Ergänzend zu den Wochenaufgaben erhalten die Schüler/-innen zu Wochenbeginn eine verpflichtende Forscheraufgabe, die im Unterricht gemeinsam besprochen, aber eigenständig zu Hause erledigt werden muss. Hierbei handelt es sich um Aufgaben, die die Kinder anregen sollen, etwas zu entdecken, zu sammeln, zu lesen, zu beobachten etc. Diese Aufgaben sollen die Kinder anregen, Lösungswege zu finden und sie in ihrer Eigenständigkeit bestärken.

4.6.4 Interview mit einer Schülerin und zwei Schülern einer zweiten Klasse der Stadtschule Bad Oldesloe

(Die Namen der Schülerin und der Schüler wurden zum Schutz der Kinder geändert.)
In dem folgenden Interview von Gunild Schulz-Gade legen die Schülerin und die Schüler dar, wie sie die Abschaffung der Hausaufgaben an ihrer Schule erleben, wie ihre Eltern dazu stehen und wie sich das Lernen und das Üben für sie seither verändert haben.

Schulz-Gade: Was habt ihr gedacht, als ihr zum ersten Mal davon gehört habt, dass die Hausaufgaben an eurer Schule abgeschafft werden sollen?

Finn: Ich finde es toll, dass es keine Hausaufgaben gibt. Manchmal ist es ja auch blöd, wenn die Familie irgendwohin fahren will und man nur noch einen Tag für die Hausaufgaben hat, dann kann man nicht mit und muss zu Hause langweilig herumsitzen und Hausaufgaben machen.

Ich finde, dass es so bleiben sollte, so hat man ja auch viel mehr Zeit, um Spaß zu haben.

Mia: Ich fand es gut, dass wir keine Hausaufgaben mehr mit nach Hause nehmen müssen und dass wir dann mehr Freizeit mit der Familie haben.

Schulz-Gade: Wie haben eure Eltern auf diese Nachricht reagiert?

Finn: Meine Mutter hat sich erschrocken, dass es keine Hausaufgaben mehr gibt, weil jede Schule Hausaufgaben hat. Meine Mutter dachte: „Wie jetzt, gibt es keine Hausaufgaben?" Sie wollte, dass ich arbeite, aber da gab es nichts und deshalb hat sie ein Mathe- und ein Deutschheft bestellt, aber die habe ich jetzt fertig und dann wusste sie nicht weiter und sie hat auch ganz heftig reagiert und wollte, dass ich auch zu Hause arbeite und nicht nur in der Schule, aber ich wollte das nicht.

Mia: Ich glaube, dass meine Eltern es ein bisschen gut und ein bisschen blöd finden und Angst haben, dass die Kinder dann nicht so schlau werden und nicht so viel lernen.

Schulz-Gade: Was für Aufgaben bekommt ihr jetzt statt der Hausaufgaben für die Schule auf?

Ben: Zum Beispiel machen wir Wochenaufgaben, die wir möglichst in der Schule zu Ende machen sollen. Dann haben wir auch Hefte, z. B. ein Seepferdchen-Heft, ein Papageien-Heft, ein Schmetterling-Heft, ein Bienen-Heft, in denen wir arbeiten können. Die Hefte, die wir fertig haben, sollen wir mit nach Hause nehmen und unterschreiben lassen, damit unsere Eltern sehen, woran und wie wir gearbeitet haben. Und als Belohnung gibt es hinten in den Heften Spiele und Aufgaben, die man richtig lösen muss, damit man z. B. ein Bild malen darf.

Mia: Wir arbeiten an unseren Wochenaufgaben. Wenn wir diese Seiten fertig haben, dann gibt es hinten ein Belohnungsbild. Da sollen wir erst rechnen und da steht dann 44 und wenn man dann tatsächlich auf die 44 kommt, darf man ein Kästchen anmalen. Das macht Spaß.

Schulz-Gade: Könnt ihr selbst bestimmen, wo ihr eure Aufgaben macht?

Ben: Wir müssen erst fragen. Wir können an unseren Plätzen arbeiten. Wenn es da zu laut ist, können wir Kopfhörer aufsetzen, damit man nichts mehr hört oder wir können auf die Bank gehen. Ausnahmsweise darf man auch in den Nebenraum gehen, aber nur ausnahmsweise.

Finn: Man könnte auch in eine andere Klasse, wenn man will, aber das möchte niemand. Ich nehme auf, dass man raus in den Flur darf. Da ist es ruhig und man kann gut arbeiten.

Schulz-Gade: Macht ihr eure Aufgaben in der Schule besser als zu Hause?

Mia: Ja, in der Schule sind wir nicht so abgelenkt. Ich habe ja einen größeren Bruder, der wird dieses Jahr 13 und der sitzt ständig an seiner Xbox und hat den Ton an und in der Klasse ist man einfach nicht so abgelenkt.

Finn: Ich finde es gleich gut, weil ich zu Hause zwar ganz ruhig arbeiten kann, manchmal aber auch von meiner Schwester abgelenkt werde.

Schulz-Gade: Was macht ihr, wenn ihr bei den Aufgaben in der Schule nicht weiterkommt?

Mia: Frau Niemeyer (Name geändert) sagt immer, wenn wir eine Aufgabe nicht können, dann sollen wir Strategien anwenden und wer die Strategien kann, der soll zu ihr gehen und wenn er die Aufgabe dann noch immer nicht kapiert (und lösen kann), muss halt die nächste Aufgabe anfangen – und wenn er die nicht schafft, dann muss er sie zu Hause beenden.

Finn: Dann soll man sich melden und dann kommt unsere FSJ-Kraft zu uns und hilft uns.

Schulz-Gade: Und eure Klassenlehrerin, welche Rolle spielt sie?

Mia: Die sitzt am Tisch und wenn wir fertig sind mit der Seite und korrigiert haben, dann sollen wir uns anstellen und sie „guckt“ dann alles nach. Wenn alles richtig ist, macht sie einen Haken, wenn alles falsch ist, durchstreicht sie alle Wörter und wenn nur zwei oder drei Sachen falsch sind, dann kreuzt sie diese weg und wir sollen sie noch einmal schreiben.

Schulz-Gade: Macht es euch mehr Spaß, die Aufgaben in der Schule zu erledigen als zu Hause?

Mia: Mir macht es mehr Spaß hier in der Schule, da sind viele Leute, die man fragen kann.

Finn: Ich finde es besser zu Hause, weil unsere Eltern wissen, was richtig ist und wir haben ja auch Geschwister, die sehr gut sind und die man fragen kann und die dann helfen können.

Schulz-Gade: Wer sieht sich eure erledigten Aufgaben in der Schule an und gibt euch eine Rückmeldung?

Mia: Unsere Mathe-Lehrerin macht das alles.

Finn: Und in Deutsch macht das unsere Klassenlehrerin. Wenn ein Thema zu Ende ist, dann schreiben wir immer einen Abschlusstest. Da steht drin, was wir alles gemacht haben, und dann macht sie meistens auch ein Cluster und sie schreibt auf, was man sich gemerkt hat.

Schulz-Gade: Fragen eure Eltern nach, an was für Aufgaben ihr in der Schule arbeitet?

Mia: In HSU [Heimat und Sachunterricht] fragen sie manchmal, was für ein Thema ich gerade habe.

Ben: Meine Eltern fragen meistens nach, was für Wochenaufgaben wir aufbekommen haben, z. B. Plus- und Minus-Aufgaben, Diagonale, Spalten. Bei Deutsch fragen sie meistens nicht so viel.

Schulz-Gade: Gibt es auch irgendetwas, was ihr nicht so gut daran findet, dass ihr eure Aufgaben jetzt in der Schule machen sollt?

Mia: Wir wollen unsere Aufgaben in der Schule fertig bekommen, sonst müssen wir alles am Wochenende machen – und das will ja keiner.

Finn: Wir wollen am Wochenende Spaß haben und in das neue Schwimmbad gehen, das ist das Wichtigste.

Schulz-Gade: Vielen Dank, dass ihr euch bereit erklärt habt, mir ein paar Fragen zu beantworten.

Das vorliegende Interview wurde im Rahmen eines Schulbesuchs in der Stadtschule Bad Oldesloe geführt.

5. Hilfen zur Schulentwicklung

Abb. 1: Arbeitsbereiche zur Konzeption von Lernzeiten

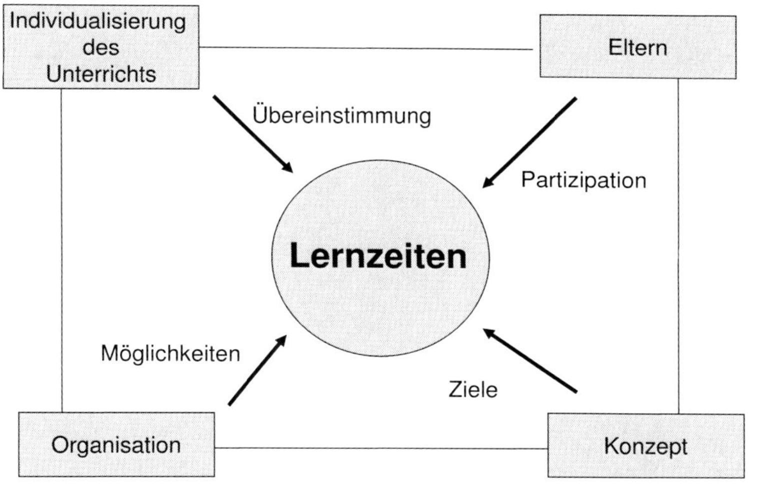

Individuelle Lernzeiten stehen nicht isoliert in der Schule, sondern sind eng mit ihrer Lernkultur verbunden. Sie brauchen eine didaktische und methodische Entsprechung im übrigen Unterricht, denn was die Kinder dort nicht lernen, können sie auch in den Lernzeiten nicht praktizieren.
Individualisiertes Lernen befähigt die Kinder, mit Lerngelegenheit sinnvoll umzugehen. Selbstständiges und eigenverantwortliches Lernen kann deshalb nicht auf Lernzeiten ausgelagert werden, sondern ist ein zentrales Ziel des gesamten Unterrichts. Ansonsten klaffen Anspruch an die Lernzeiten und Unterrichtswirklichkeit auseinander. Bei der Einführung von individuellen Lernzeiten ist deshalb zu klären, ob der Unterricht schon genügend individualisiert ist, oder ob er zunächst in diese Richtung weiterentwickelt werden muss.

Mit der Abschaffung der Hausaufgaben schließt man den Eltern in vielen Fällen das größte Fenster zur Schule. Neue Fenster müssen sich deshalb öffnen, um Transparenz und Akzeptanz zu schaffen. Die Kooperation mit den Eltern ist von Anfang an erforderlich.

Nicht alles, was pädagogisch wünschenswert ist, ist auch machbar, zumindest nicht sofort. Ressourcen und organisatorische Zwänge legen Beschränkungen auf, verlangen kreative Ideen und überzeugende Konzepte, mit denen man Unterstützung einfordern kann.

Aus diesen Zusammenhängen ergeben sich die im Folgenden dargestellten vier Arbeitsbereiche, an denen sich Schulen bei ihrer Entwicklung zu individuellen Lernzeiten orientieren können. Rezepte sind nicht zu erwarten. Jede Schule hat ihre Besonderheiten, ihre eigene Ausgangslage, ihre Stärken und Schwächen. Die Good-Practice-Beispiele in diesem Buch können deshalb nicht eins zu eins übertragen werden, vielmehr ist zu prüfen, wo sie Anregungen geben und welche Modifizierungen vorgenommen werden müssen.

Neben den Good-Practice-Beispielen in Kapitel 4 empfehlen wir als Arbeitsgrundlagen besonders Kapitel 1.5 *Knackpunkte – Konsequenzen,* da hier auf Stolpersteine und Möglichkeiten der Überwindung hingewiesen wird.

Kapitel 6 *FAQ – häufig gestellte Fragen* bringt einige Probleme sowie Irrtümer auf den Punkt und eignet sich deshalb als Argumentationshilfe.

Durch den Entwicklungsprozess führen die Leitfragen zu den folgenden Arbeitsbereichen.

5.1 Arbeitsbereich 1: Konzept für individuelle Lernzeiten

Abb. 2: Konzept erstellen

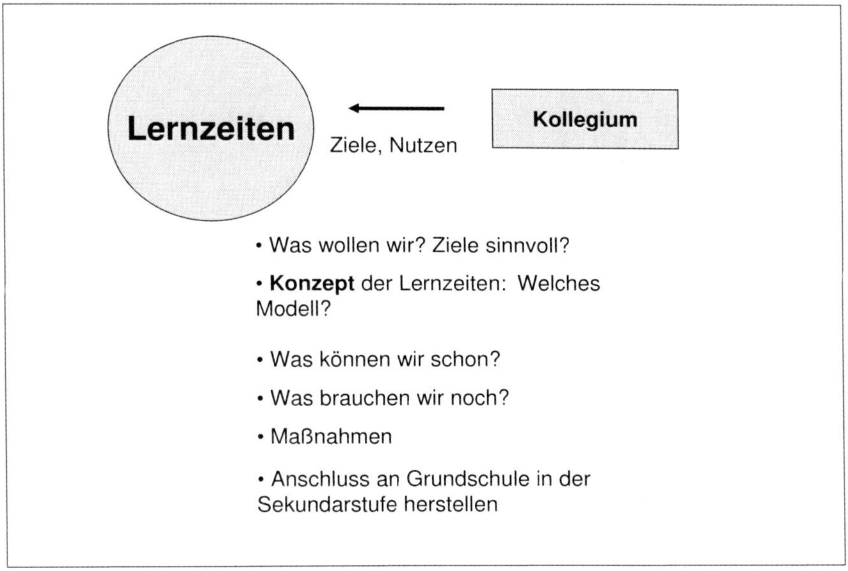

Hier geht es um das innere Gefüge der Lernzeiten, um den pädagogischen Kern.

Das Konzept begründet, warum Lernzeiten eingeführt werden sollen, welche Ziele damit verfolgt werden, wie sie gestaltet sind und welche Aktivitäten man von den Kindern erwartet. Es wird ein Zusammenhang hergestellt zwischen den Lernzeiten und dem sonstigen Unterricht.

Den Hausaufgaben wird, mehr oder weniger berechtigt, eine Übungsfunktion zugeschrieben. Deshalb ist bei den Lernzeiten zu beachten, dass der Verzicht auf Hausaufgaben nicht gleichbedeutend ist mit einem Verzicht auf Übung.

Die DJI-Studie (Kaufmann/Wach 2010, 141) weist auf ein Problem hin, dessen Lösung hier ins Auge gefasst werden sollte: Beim Übertritt in weiterführende Schulen mit konventioneller Hausaufgabenpraxis kommt es besonders bei Kindern mit herkunftsbedingter Bildungsbenachteiligung zu einem

Bewältigungsproblem. Dies tritt besonders zu Tage, wenn während der Grundschulzeit durch eine gut gemeinte Entlastung der Eltern keine häusliche Unterstützungskultur aufgebaut wurde. Hier stecken wir in dem Dilemma, dass Grundschulen durch Verlagerung von Aufgaben in die Schule soziale Disparitäten erfolgreich verringern, weiterführende Schulen mit ihrer Hausaufgabenpraxis diese aber wieder verstärken.

Leitfragen

- Welche Ziele sollen mit dem Lernzeitkonzept erreicht werden?
- Mit welchen Maßnahmen sollen diese Ziele erreicht werden?
- Was sollen die Kinder in den Lernzeiten arbeiten?
- Wie kann ein didaktischer und methodischer Zusammenhang zwischen Unterricht und Lernzeiten hergestellt werden? (Was die Kinder in den Lernzeiten arbeiten, muss in Verbindung zum Unterricht stehen.)
- Sollen die Lernzeiten den Unterricht ergänzen und im Stundenplan separat ausgewiesen werden wie bei Modell 3 in Kapitel 3, oder gehen sie völlig im Unterricht auf ohne zeitliche Sonderstellung wie bei Modell 4?
- Welche Veränderung der Lernkultur ist notwendig?
- Was wird für dieses Lernzeitkonzept gebraucht?
- In welchen Etappen kann dieses Lernzeitkonzept realisiert werden?
- Welche Hilfen sollen die Kinder in den Lernzeiten beanspruchen können?
- Gibt es Resthausaufgaben, weil etwas in der Schule nicht geschafft wurde?
- Resultieren aus Förderplänen häusliche Übungen?
- Welche Aufgaben sollen zu Hause erledigt werden?
- Kann bei den individuellen Lernzeiten genügend geübt werden?
- Mit welchen Maßnahmen sollen die Kinder für den Übergang auf weiterführende Schulen vorbereitet werden, wo sie eventuell mit einer konventionellen Hausaufgabenpraxis konfrontiert sind?
- Welches sind unsere nächsten Schritte?

5.2 Arbeitsbereich 2: Konzept für eine stärkere Individualisierung des Unterrichts

Individuelle Lernzeiten erfordern ein Mindestmaß an Individualisierung des Unterrichts, wie die Good-Practice-Beispiele zeigen. Das Konzept klärt, inwieweit diese Voraussetzungen gegeben sind und was eventuell noch zu tun ist.

Leitfragen

- Welche Individualisierung verlangt das Lernzeitkonzept?
- Was können wir schon?
- Was fehlt noch, um die notwendige Individualisierung zu erreichen?
- Was brauchen wir dazu an Fortbildung, an Einstellungen, an gemeinsamen Zielen, an Strukturen unserer Zusammenarbeit, an Arbeitsmitteln und an organisatorischen Veränderungen?
- Welches sind unsere nächsten Schritte?

Die folgende Abbildung dient Lehrkräften in Teams, einzeln oder dem ganzen Kollegium als Reflexionshilfe für eine Zielfindung.

Abb. 3: Komponenten des individuellen Lernens

Auftrag: Wenn Sie Ihren Unterricht stärker individualisieren wollen, geraten die folgenden Komponenten in Ihr Blickfeld. Überlegen Sie zunächst, welche Veränderungen Sie dazu anstreben und tragen Sie diese stichpunktartig ein. Besprechen Sie bitte Ihre Vorhaben anschließend mit anderen.

Komponenten	**Das will ich anpacken:**
Raum	
Zeit	
Materialien	
Unterrichtsvorhaben	

Arbeitsformen	
Lernstand ermitteln und rückmelden	
Zusammenarbeit mit Kolleg.	
Eigene Rolle im Unterricht	
Eigene Fortbildung	
...	

Autoren: Ursula Eller, Freiherr-vom-Stein-Schule, Rodgau
Wendelin Grimm

Weitere spezielle Hilfen bieten Kapitel 4 und folgende Bücher:

- Eller, U/Grimm, W. (2012): Individuelle Lernpläne für Kinder – Grundlagen, Ideen und Verfahren für die Grundschule, Weinheim und Basel, 2. Auflage
- Eller, U./Greco, L./Grimm, W. (2012): Praxisbuch Individuelles Lernen – Von der Binnendifferenzierung zu individuellen Lernwegen, Weinheim und Basel

5.3 Arbeitsbereich 3: Konzept für die Kooperation mit den Eltern

Eltern sind durch die Hausaufgaben betroffen. Ihnen ist ebenso wie den Lehrkräften Wiederholen und Üben wichtig. Aber es gibt unterschiedliche Sichtweisen dazu. Anzustreben ist ein gemeinsames Verständnis von Lernen und eine sinnvolle Unterstützung der Kinder auch im Unterricht. Abschaffung von Hausaufgaben bedeutet keineswegs Verzicht auf Üben oder gar Leistungsverlust. Anstelle von Hausaufgaben tritt etwas Neues, womit die Trennung zwischen

Unterricht, Lernen und Üben aufgehoben wird (siehe Kapitel 3). Dieser Paradigmenwechsel sollte gemeinsam mit den Eltern vollzogen werden.

Zusammen haben Eltern und Lehrkräfte eine breitere Erfahrungsbasis und können das anstehende Projekt aus unterschiedlichen Blickwinkeln betrachten. Die verschiedenen Professionen helfen, ein fundiertes Konzept für individuelle Lernzeiten zu erstellen. Es ist deshalb zu klären, wie Eltern möglichst frühzeitig in die Planung einbezogen werden und wie die Zusammenarbeit später bei der Lernzeitpraxis gestaltet wird.

Wir empfehlen zu diesem Arbeitsbereich auch das gesamte Kapitel 1 *Hausaufgaben – Anspruch und Wirklichkeit,* da hier die unterschiedlichen Sichtweisen von Kindern, Eltern und Lehrkräften beschrieben sind, an denen gearbeitet werden muss.

Abb. 4: Kooperation mit Eltern

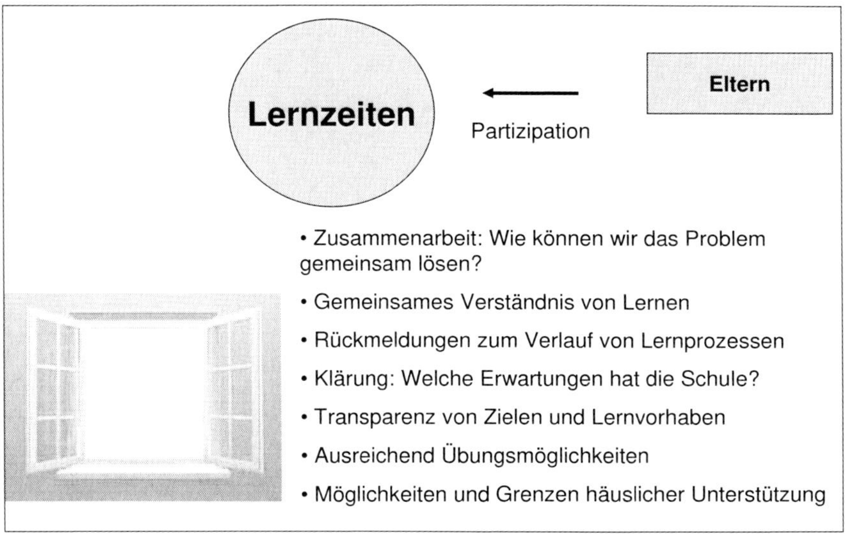

Leitfragen

- Wie können Eltern in die konzeptionelle Planung der Lernzeiten einbezogen werden?
- Wie kann die Schule für Eltern transparenter werden?

- In Bezug auf
  - Ziele und Methoden des Lernens allgemein
  - Lern- und Übungsmöglichkeiten in der Schule
  - Funktion von Lernzeiten
  - klassenbezogene Lernvorhaben
  - Bewertung und Benotung
- Wie kann ein gemeinsames Verständnis von Lernen gefördert werden?
- Wie kann ein gemeinsames Verständnis für eine sinnvolle, prozessorientierte Unterstützung der Kinder gefördert werden?
- Mit welchen Formen der Rückmeldungen über den Verlauf von Lernprozessen sollen die Eltern informiert werden?
- Was soll auch bei Lernzeiten zu Hause gearbeitet werden?
- Welche Empfehlungen können dazu den Eltern gegeben werden?
- Gibt es Resthausaufgaben, wenn etwas in der Schule nicht geschafft wurde?
- Resultieren aus Förderplänen häusliche Übungen?

5.4 Arbeitsbereich 4: Konzept für die Organisation von individuellen Lernzeiten

Abb. 5: Organisation

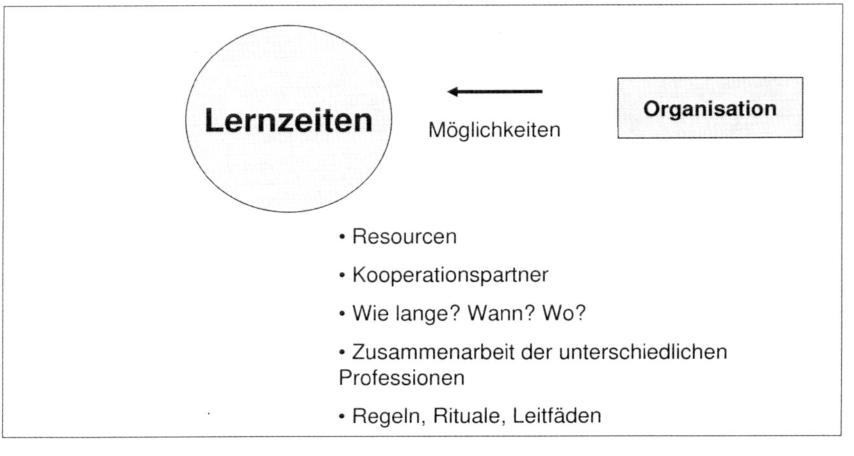

Hier geht es um die äußere Organisation der Lernzeiten. Bei diesem Konzept sollten Schulleitungsmitglieder mitarbeiten, die sich mit den Personalressourcen auskennen, damit nicht auf falschen Grundlagen ins Blaue geplant und (zunächst) unerfüllbare Erwartungen geweckt werden. Bei den Lernzeiten können Unterricht und Hausaufgabenzeit verschmelzen. Deshalb kann überlegt werden, ob und wie unterschiedliche Professionen in den Lernzeiten eingesetzt werden.

Leitfragen

- Wie können die unterschiedlichen Professionen einer Ganztagsschule bei den Lernzeiten zusammenarbeiten? Wie können sie sich ergänzen?
- Welche personellen Ressourcen stehen für Lernzeiten zur Verfügung?
- Können Stunden für Förderunterricht und ganztägiges Arbeiten eingesetzt werden?
- Können Kooperationspartner gewonnen werden? Wir verweisen dazu auf das Good-Practice-Beispiel in Kapitel 4.4.
- In welchem zeitlichen Umfang können Lernzeiten realisiert werden?
- Wie sollen die Lernzeiten im Tagesablauf verortet werden?
- Welche Regeln, Rituale und Leitfäden sollen in den Lernzeiten allgemein gelten?
- Stimmen diese Regeln grundsätzlich mit den sonstigen Regeln im Ganztag überein?

5.5 Vorgehensweise

Schulentwicklung beginnt in den Köpfen mit der Veränderung von Einstellungen. Vorhandenes wird in Frage gestellt und Neues geprüft. Für diesen Paradigmenwechsel brauchen die Beteiligten Informationen und Denkanstöße zur Problematik von Hausaufgaben und den Chancen der Lernzeiten. Dazu kann auf dieses Buch zurückgegriffen werden und man kann sich Expertenhilfe von außen holen.

Bevor nach dem ersten Input die Meinungsbildung von einigen dominiert werden könnte, empfiehlt es sich möglichst bald, Ideen, Meinungen, Fragen,

Probleme und Vorschläge zu sammeln. Dazu bietet sich als Kommunikationsform das Schreibgespräch an. Flipchartbögen werden gut verteilt aufgehängt, eventuell in mehreren Räumen oder auf einem Flur. Sie enthalten jeweils einen Impuls. Jeder kann in beliebiger Folge seinen Beitrag darunter schreiben.

Abb. 6: Entwicklungsprozess

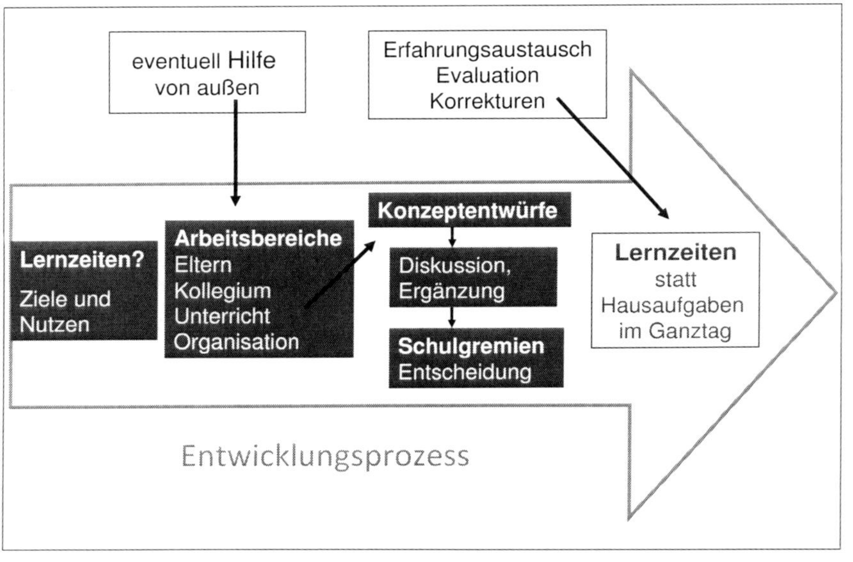

Damit keine Äußerung unterdrückt oder provoziert wird, darf bis zum Ende dieser Schreibphase nicht gesprochen werden. Erst auf ein Signal hin tauschen sich alle zu den Einträgen aus. Im Plenum werden die Beiträge diskutiert und anschließend von jedem bepunktet. Eventuell kann eine Steuergruppe nun die Schreibgespräche weiter auswerten.

- Die Flipchartbögen können mit folgenden Überschriften versehen werden:
- Das gefällt mir an den Good-Practice-Beispielen:
- Bei den Lernzeiten sehe ich folgende Chancen:
- In den Lernzeiten sollen die Kinder so arbeiten ...

- Kooperation mit den Eltern
- Ich schlage vor ...
- Bei der Konzeption von Lernzeiten können wir folgende Stärken einbringen:
- So können die verschiedenen Professionen unserer Schule zusammenarbeiten:
- Das möchte ich noch mitteilen/vorschlagen/fragen:

Abb. 7: Schreibgespräch

> **Bei den Lernzeiten sehe ich folgende Chancen: ...**
>
> Lernstarke Kinder langweilen sich nicht.
>
> Mehr Zeit, die Kinder zu unterstützen
>
> Kinder, die sonst mit ihren Hausaufgaben allein gelassen werden, haben bessere Chancen.
>
> Frustration wird reduziert.
>
> Jedes Kind wird „gesehen".
>
> Selbständigkeit, Selbstorganisation, Lernen
>
> Schwächere Kinder können von anderen lernen.
>
> Transparenz von Vorgehensweisen
>
> Zusammenarbeit Lehrer / Erzieher, Betreuungspersonen
>
> Chancen des Austausch und derDoppelbesetzung in der Lernzeit
>
> Schulcurriculum entwickeln

Alternativ zu der Auswertung in einer Steuergruppe werden jetzt vier Arbeitsgruppen gebildet, die zu jeweils einem der oben aufgeführten Arbeitsbereiche ein Konzept entwickeln. Die Arbeitsaufträge sind durch die Leitfragen definiert. Als Arbeitshilfen dienen die angegebenen Kapitel dieses Buches, eventuell weitere Fachliteratur und die Ergebnisse der Schreibgespräche.

Die Arbeitsgruppen stellen ihre erarbeiteten Konzeptentwürfe vor. Nach der Diskussion werden die Konzeptentwürfe stichwortartig verschriftlicht, optional mit Grafiken versehen und für einen längeren Diskussionsprozess ausgehängt. Es wird überprüft, ob die vier Konzepte den gemeinsamen Zielvorstellungen entsprechen und untereinander stimmig sind. Ein entscheidender Punkt dabei sind die Ressourcen. Sie bestimmen, was kurzfristig, erst später möglich oder gar nicht möglich ist.

In diesem Diskussionsprozess, den eine Steuergruppe betreut, werden die Konzepte immer wieder optimiert, zu einem Gesamtkonzept schriftlich zusammengefasst, das auch langfristige Zielvorstellungen enthält, damit sich später bietende Chancen ergriffen werden können. Das Konzept durchläuft schließlich die Schulgremien zur Beratung und Beschlussfassung. Dieser Weg ist in den einzelnen Bundesländern unterschiedlich ausgestaltet (Eller/Greco/Grimm 2012, 120-124).

Es empfiehlt sich, in diesen ganzen Entwicklungsprozess von Anfang an die Eltern und das pädagogische Personal einzubeziehen. Sie sind neben den Kindern die Hauptbetroffenen. Je breiter der Prozess angelegt ist, desto größer ist nachher die Akzeptanz und desto weniger fühlen sich Gremien oder Gruppen der Schulgemeinde vor vollendete Tatsachen gestellt. Diese Zusammenarbeit folgt der Devise: Wie können wir das Problem gemeinsam lösen?

Individuelle Lernzeiten erfordern Änderungen bei der Rhythmisierung des Ganztags, die in der Regel zum neuen Schuljahr oder zum Halbjahr in Kraft treten. Nach dem Start brauchen alle Beteiligten eine Eingewöhnungszeit, in der sie erste Erfahrungen sammeln, die sie in regelmäßigen Runden austauschen. Man berät sich gegenseitig und findet gemeinsam Verbesserungsmöglichkeiten. Für eine lernende Schule bedeutet ein solches Konzept auch weiterhin nichts Statisches, das für alle Zeiten festgeschrieben ist. Mit der ständigen Optimierung steigt auch die Zufriedenheit der Beteiligten. Erfolge gilt es herauszustellen. Sie stärken und ermutigen.

Ein wichtiges Instrument, um Erfolge, aber auch Defizite und Verbesserungsmöglichkeiten zu erkennen, ist die interne Evaluation, ein Instrument, das im Schulbereich selten angewandt wird. Warum eigentlich? Wir verweisen dazu auf die Willemerschule in Frankfurt am Main, siehe Kapitel 4.4.6.

Unter den Risiken und Nebenwirkungen traditioneller Hausaufgaben braucht bei Lernzeiten niemand mehr zu leiden. Ein Konfliktherd ist damit aus den Familien genommen, was sich auch auf das Schulklima positiv auswirkt. Vor allem aber geht es den Kindern besser. Und wenn es den Kindern gut geht, geht es auch allen an der Ganztagsschule Beteiligten gut.

6. FAQ – häufig gestellte Fragen

6.1 Fragen zu Hausaufgaben

Werden die schulischen Leistungen eines Kindes besser, wenn ihm ein Elternteil bei den Hausaufgaben hilft?
Nicht unbedingt! Wenn die Hilfe ein gewisses Maß überschreitet, ist das Ergebnis erlernte Hilflosigkeit. Dann tritt bei dem Kind ein Gewöhnungseffekt ein, der Selbstvertrauen und Selbstständigkeit überlagert. In gewissem Sinn besteht eine Abhängigkeit, unter der das Kind bei Entzug leidet, beispielsweise in Prüfungssituationen, sobald es auf sich allein gestellt ist. Wenn also die elterliche Hilfe die geringe, noch verträgliche Dosis überschreitet, werden die Leistungen des Kindes schlechter statt besser.
Mehr dazu in den Kapiteln 1.3 und 2!

Sollen Eltern von ihrem Kind verlangen, dass es seine Hausaufgaben ordentlich, vollständig und richtig erledigt, damit es gute Leistungen erzielt?
Ordentlich, vollständig und richtig sind zweitrangige Kriterien. Wenn sie mit Strenge, Druck und Strafe eingefordert werden, verschließt sich das Kind, gibt falsche Informationen zu den Hausaufgaben, wird unselbstständig, entwickelt Versagensängste, verschlechtert seine Leistungen und gerät dadurch in einen Teufelskreis, siehe Kapitel 1, Abbildung 4.
Mehr dazu in den Kapiteln 1.2 und 1.3!

Sind Eltern gegen die Abschaffung von Hausaufgaben?
Mehrheitlich schon, besonders wenn sie keine Alternativen kennen! Viele Eltern verbinden diesen Schritt mit Verzicht auf Übung und sehen in der Folge Leistungseinbußen. Die in den Good-Practice-Beispielen beschriebenen Schulen erfahren durch Eltern nur noch vereinzelt Kritik, denn sie können demonstrie-

ren, dass die den Hausaufgaben zugeschriebene Übungsfunktion Bestandteil der Lernzeiten ist.
Mehr dazu in den Kapiteln 3 und 4!

Lernen die Kinder durch Hausaufgaben das selbstständige Arbeiten?
In vielen Fällen lernen sie Unselbstständigkeit, weil sie Hilfe bei den Hausaufgaben brauchen und davon abhängig werden können, wenn sie nicht als Hilfe zur Selbsthilfe praktiziert wird. Selbstständigkeit ist eine der wichtigsten Kompetenzen, die in allen Bildungsplänen ganz oben steht. Es wäre ein Armutszeugnis der Schule, wenn sie sich um diese Kompetenzförderung drücken und damit ein Outsourcing betreiben würde. Wie sollen die Kinder Hausaufgaben selbstständig erledigen können, wenn sie in der Schule nicht selbstständig arbeiten dürfen, sondern hauptsächlich belehrt werden?
Mehr dazu in den Kapiteln 1.2 und 1.4!

Sind Hausaufgaben eine notwendige Ergänzung des Unterrichts?
Sie sind vor allem kein Ersatz des Unterrichts in dem Sinn, was in der Schule nicht geschafft wurde, sollen die Kinder zu Hause nacharbeiten. Zeitmangel im Unterricht wird ja häufig erst durch Hausaufgaben verursacht, die, wie auch immer kontrolliert, besprochen und neu aufgegeben werden müssen. Unterricht gehört in die Schule und nicht auf Hausaufgaben verlagert. So viel Zeit muss sein, besonders in Ganztagsschulen!
Mehr dazu in Kapitel 1.4!

Sollen Kinder die Hausaufgaben ohne Hilfe erledigen?
Wenn sie es nur könnten! Die aus Untersuchungen gewonnenen Zahlen sprechen eine andere Sprache. Notwendig wären individuelle Hausaufgaben. Aber das stellt hohe didaktische und methodische Anforderungen. Mit weniger Aufwand kann man auch gleich die Hausaufgaben durch Lernzeiten ersetzen. Das ist unproblematischer und effektiver als Hausaufgaben, gleich welcher Art.
Mehr dazu in den Kapiteln 1.1 und 1.4!

Sehen die Lehrkräfte an den Hausaufgaben, was das Kind noch nicht kann?
Wohl kaum! Haben sie denn genügend Zeit, um die Hausaufgaben aller Kinder daraufhin durchzusehen? Woran erkennen Lehrkräfte, ob eine Hausaufgabe überhaupt selbstständig angefertigt wurde und das Können des Kindes widerspiegelt?

Einen besseren Überblick gewinnen Lehrkräfte bei Lernzeiten. Da können Kinder sich selbst einschätzen und weitgehend eigenverantwortlich das Nötige lernen. Lehrkräfte unterstützen und beobachten sie dabei. Hier kann das Kind der erste Pädagoge sein, die Lehrkraft nur der zweite.
Mehr dazu in den Kapiteln 1.4 und 4!

6.2 Fragen zur Einführung von Lernzeiten

Was sind Lernzeiten?
Hausaufgaben beziehen ihre Legitimation auch aus der Trennung von Unterricht und Üben. Salopp gesprochen: „In der Schule wird gelernt, zu Hause wird geübt." Mit Lernzeiten in Ganztagsschulen wird diese Trennung überwunden. Lernzeiten sind dann nicht nur Teil des Unterrichts, sondern Teil des Lernens. Bei einer konsequenten Integration wird der Begriff „Lernzeiten" sogar überflüssig.

In der Praxis zeigt sich ein breites Spektrum an Lernzeiten, resultierend aus den jeweiligen Ressourcen und pädagogischen Konzepten. Eine präzise Definition des Begriffs ist deshalb nicht möglich und auch nicht notwendig. Lernzeiten definieren sich primär über Qualität. Damit sind sie mehr als in die Schule verlagerte Hausaufgaben.
Mehr dazu in Kapitel 3!

Wie stellt man im Kollegium einen Konsens zur Einführung von Lernzeiten her?
Im Ganztag rücken die Hausaufgaben näher an die Schule heran. Durch die Hausaufgabenbetreuung erfährt das Kollegium hautnah, welche Probleme Hausaufgaben verursachen. Dies ist ein Anknüpfungspunkt, um die Wirksam-

keit von Hausaufgaben zu hinterfragen. Studien liefern ernüchternde Ergebnisse. Diese Situation kann zur Initialzündung für die Entwicklung von Lernzeiten führen. Am Anfang stehen die Ziele. Was will man damit erreichen?

Für die Konsensbildung bieten sich Schreibgespräche im Kollegium und in anderen Schulgremien an. Zu der Entwicklung von Lernzeiten kann man sich Hilfe von außen holen.

Mehr dazu in den Kapiteln 1 und 5!

Welche Voraussetzungen müssen im Unterricht geschaffen werden, wenn Lernzeiten eingeführt werden?

Lernzeiten und Unterricht müssen eine didaktisch-methodische Einheit bilden. Das heißt, in Lernzeiten kann nur das verlangt werden, was auch im Unterricht praktiziert wird. So kann das Erlernen von Selbstständigkeit und Eigenverantwortung weder auf Hausaufgaben noch auf Lernzeiten ausgelagert werden. Damit wären nicht nur die Kinder überfordert, sondern vor allem auch das pädagogische Personal, dessen Hilfe in den Lernzeiten über Gebühr beansprucht würde.

Damit kein Kind unter- oder überfordert wird, ist in den Lernzeiten ein Mindestmaß an Differenzierung erforderlich. Eine differenzierte Aufgabenerteilung ist sehr anspruchsvoll und zeitaufwändig. Einfacher und effektiver als diese Differenzierung von oben ist eine Differenzierung von unten, indem die Kinder sich selbst differenzieren. Das müssen sie aber im Unterricht gelernt haben.

Mehr dazu in Kapitel 5!

Was muss eine Schule zuerst leisten: Stärkere Individualisierung des Unterrichts oder Einführung von Lernzeiten?

Die stärkere Individualisierung des Unterrichts braucht einen gewissen Vorlauf, bevor sie in den Lernzeiten beansprucht werden kann. Sind die Kompetenzen Selbstständigkeit und Eigenverantwortung nur schwach entwickelt, überfordern die Lernzeiten sowohl Kinder als auch pädagogisches Personal. Kinder müssen lernen, mehr Verantwortung zu übernehmen und das pädagogische Personal muss bereit sein, einen Teil davon abzugeben. Das kostet bei vielen Überwindung.

Mehr dazu in Kapitel 5.2!

Wird mit Lernzeiten anstatt Hausaufgaben den Eltern verboten, ihren Kindern zu helfen?

Die Schule kann den Eltern gar nichts verbieten! Eltern werden durch individuelle Lernzeiten entlastet. Ein häuslicher Konfliktherd verschwindet. Bestimmte häusliche Übungen und Aufgaben können nach wie vor sinnvoll sein.

An besten aber helfen Eltern ihrem Kind, wenn es in seiner Individualität akzeptieren und ihm Anerkennung, Wertschätzung, Zuwendung und Zuneigung geben. Das Kind braucht eine emotionale Geborgenheit, eine persönliche Bindung, auf die es sich verlassen kann. Dies sind die Grundlagen aller Motivation. Durch sie entstehen Konzentration und Handlungsbereitschaft als Voraussetzung zum Lernen. Das belegen eindeutig Studien der Neurobiologie und der Hirnforschung.

Mehr dazu in den Kapiteln 4.1, 4.4 und 4.5 und
in: Bauer, J. (2008), Prinzip Menschlichkeit – Warum wir von Natur aus kooperieren. München: Heyne, S. 31-36, S. 211-214

Werden mit den Lernzeiten alle Aufgaben für zu Hause abgeschafft?

Man sollte das Kind nicht mit dem Bad ausschütten! Neben den Lernzeiten gibt es nach wie vor sinnvolle Hausaufgaben. Beispiel Trinkwasser: Die Kinder können erkunden, wo das Wasser in ihr Haus kommt, wo Wasserzähler sitzen, wie die Wasserleitungen sich verzweigen, wo Wasserleitungen an Verbrauchsstellen enden, ... Diese und ähnliche Erkundungs- und Rechercheaufgaben können in der Schule nicht geleistet werden. Es sind im übrigen Aufgaben, die Kinder besonders motivieren.

Wenn Schulen die Hausaufgaben abschaffen, sollten sie den Eltern mitteilen, welche Lerngelegenheiten zu Hause das schulische Lernen ergänzen und empfehlenswert sind.

Mehr dazu in den Kapiteln 4.4 und 4.5!

Nivellieren individuelle Lernzeiten das Leistungsniveau, weil allen gleich viel geholfen wird?

Nein! Die Frage ist falsch gestellt. Selbst wenn es zuträfe, dass allen gleich viel geholfen wird, könnte damit das Leistungsniveau nicht nivelliert werden. Das Adjektiv *individuell* gehört ganz bewusst zu den Lernzeiten, weil dort jedes Kind individuell entsprechend seinem Potenzial lernen kann und vor allem Hilfe zur Selbsthilfe bekommt. Individuelles Lernen nivelliert nicht. Im Gegenteil, es führt sogar zu einer größeren Leistungsheterogenität. Und man lese und staune: auf höherem Niveau!
Mehr dazu in Kapitel 4!

Wie sollen Eltern erfahren, wie ihr Kind lernt, wenn es keine Hausaufgaben mehr gibt?
Bei Lernzeiten wird ein neues Fenster zur Schule geschaffen, beispielsweise durch Logbücher, in die Lernvorhaben, Ziele, Ergebnisse und Rückmeldungen eingetragen werden.
Mehr dazu in den Kapiteln 4.3.5 und 4.4.5!

Gibt es schulrechtliche Vorschriften für Lernzeiten?
Keine besonderen! Lernzeiten sind Teil des Unterrichts. Damit gelten die gleichen Vorschriften wie für den Unterricht auch.

6.3 Fragen zur Gestaltung von Lernzeiten

Erhalten die Kinder Aufgaben für die Lernzeiten?
Nicht im Sinne von Hausaufgaben, die in der Schule erledigt werden. Dann wären Lernzeiten eher eine Hausaufgabenhilfe. Lernzeiten bilden didaktisch und methodisch eine Einheit mit dem Unterricht. Sie überwinden die Trennung von Unterricht und Üben. Lernzeiten können in diesem Sinn auch völlig im Unterricht aufgehen. Individuell heißt, dass in den Lernzeiten nicht alle das Gleiche machen und jedes Kind einen Entscheidungsspielraum hat.
Mehr dazu in den Kapiteln 3 und 4!

Welche Hilfen können die Kinder in den Lernzeiten erhalten?
Nur so viele wie notwendig! Kinder fühlen sich aber zurückgestoßen, wenn ihnen mit dem Verweis auf Selbstständigkeit Hilfe verweigert wird. Selbständigkeit muss deshalb im Unterricht gelernt und unterstützt werden. Wenn Kinder dazu die notwendigen Kompetenzen erworben haben, ist das pädagogische Personal die letzte Anlaufstelle, um Hilfe zu erhalten. Davor liegen Selbsteinschätzung, Lernstrategien, Leitfäden, Lernpartner, Regelvereinbarungen und einiges mehr. Dies setzt das pädagogische Personal frei für eine prozessorientierte Unterstützung der Kinder, für eine effektive Förderung, weil es sich nicht mehr mit unzähligen, teils unnötigen Hilfen verzetteln muss. In dieser Rolle werden Bezugspersonen besonders geschätzt.
Mehr dazu in den Kapiteln 1.2 und 4.5.2!

Wo soll eine Schule die Zeit für individuelle Betreuung der Kinder in den Lernzeiten hernehmen?
Die Schule muss prüfen, welche personellen Ressourcen ihr über den Bereich des Pflichtunterrichts nach Stundentafel zur Verfügung stehen. Das können unter anderem zugewiesene Stunden für das ganztägige Arbeiten und für Förderunterricht sein. Solche Ressourcen erzielen eine besonders hohe Effektivität, wenn sie für Lernzeiten eingesetzt werden, denn dort ist die beste Förderung aller Kinder möglich. Zudem kann mit Lernzeiten der Pflichtbereich für alle Kinder erweitert und entschleunigt werden. Eine Wohltat für Kinder und pädagogisches Personal!
Mehr dazu in den Kapiteln 3.4, 4.3 – 4.5 und 5.4!

Braucht man neben den Lernzeiten noch Förderunterricht?
Nein! Lernzeiten sind der beste Förderunterricht, deshalb sollten alle Ressourcen dafür verwendet werden, damit genügen Zeit zum Lernen da ist und sich eine Lernkultur entwickeln kann, bei der jedes Kind Lernfortschritte erzielt. Dabei lernen die Kinder durchaus unterschiedlich viel, aber sie lernen alle. Mit Lernzeiten vermeidet man vor allem eine defizitorientierte Gruppenbildung für den Förderunterricht.
Mehr dazu in Kapitel 1.2

Wenn Kinder in der Grundschule nicht an Hausaufgaben gewöhnt wurden, entsteht dann nicht ein Problem beim Übergang in eine weiterführende Schule mit Hausaufgaben?
Auch in weiterführenden Schulen wird der Sinn von Hausaufgaben diskutiert. Einige praktizieren bereits Lernzeiten statt Hausaufgaben. Wenn aber Kinder nach der Grundschule noch mit traditionellen Hausaufgaben konfrontiert werden, erleichtert man ihnen den Übergang, wenn sie spätestens im vierten Schuljahr eine Wochenhausaufgabe erhalten.
Mehr dazu in den Kapiteln 4.3, 4.5 und 5.1!

Gibt es Restaufgaben für zu Hause, wenn ein Kind in den Lernzeiten mit seinem Pensum nicht fertig wird.
Das sollte die Ausnahme bleiben. Ansonsten signalisiert man damit: Was die Schule nicht schafft, sollen die Eltern richten. Und es kann Kinder verleiten, in den Lernzeiten zu trödeln, weil sie damit Zuwendung und Hilfe durch Eltern leichter einfordern können. Eine Lösung ohne Resthausaufgaben praktiziert die Willemerschule, Frankfurt.
Mehr dazu in Kapitel 4.4!

Kann die Schule genügend Zeit zum Üben bieten?
Mit der Einführung von Lernzeiten statt Hausaufgaben muss sicher gestellt sein, dass die Schule genügend Zeit zum Üben bietet. Dazu sollte sie fantasievoll alle Ressourcen mobilisieren. Ansonsten lässt sie besser die Finger von Lernzeiten und realisiert statt dessen ein additives Modell mit Zeit für Hausaufgabe oder Hausaufgabenhilfe im Betreuungsbereich bzw. Hort. Durch mangelnde Zeit zum Üben in der Schule werden Lernzeiten bei den Eltern diskreditiert und der Ruf nach Hausaufgaben wird laut.
Mehr dazu in den Kapiteln 3.2, 2.5 und 5!

Brauchen Lernzeiten eine Doppelbesetzung mit pädagogischem Personal?
Nicht unbedingt. Ob eine Doppelbesetzung notwendig ist oder nicht, entscheidet sich am Konzept der Lernzeiten. Wenn die Ressourcen knapp sind, ist abzuwägen, ob man wenige Lernzeiten doppelt besetzt oder statt dessen die

Lernzeiten umfangreicher gestaltet und dabei durch den „Pädagogen" Zeit unterstützt wird. Die Good Practice-Beispiele in diesem Buch, zeigen Schulen mit und ohne Doppelbesetzung.
Mehr dazu in Kapitel 4!

Steigt die Arbeitsbelastung des pädagogischen Personals, wenn bei den Lernzeiten ein Logbuch geführt wird?
Ein Logbuch oder Lerntagebuch sollte in erster Linie von den Kindern geführt werden. Dazu muss es möglichst einfach strukturiert sein, indem es auf grundlegende Fragen an die Kinder abzielt: Was nehme ich mir vor? Was habe ich gearbeitet? Welche Ziele habe ich erreicht? Was muss ich noch lernen? Planung und Reflektion müssen Kinder aber vorher gelernt haben.

Das pädagogische Personal trägt allenfalls ergänzende Hinweise und Mitteilungen an die Eltern ein. Das Logbuch kann als Kommunikationsmittel zwischen Eltern und Schule genutzt werden, keinesfalls aber als alleiniges. Die schriftlichen Arbeitsergebnisse der Kinder, die in bestimmten Zeitintervallen mit nach Hause gegeben werden, informieren die Eltern, was ihr Kind gearbeitet und gelernt hat.

Wenn mit dem Logbuch Selbständigkeit und Eigenverantwortung der Kinder gefördert wird, steigt die Arbeitsbelastung des pädagogischen Personals nicht. Vorsicht ist bei vorgedruckten Logbüchern geboten, die der Handel anbietet. Hier sollte geprüft werden, ob nicht zu viele Rubriken enthalten sind, zu denen in der Praxis aus Zeitgründen wenig oder nichts eingetragen werden kann.
Mehr dazu in Kapitel 4.3 und 4.4.5!

Können Lernzeiten auch im offenen Nachmittagsangebot auf freiwilliger Basis stattfinden?
Lernzeiten sind Teil des Lernens. Somit können sie nicht den Kindern vorenthalten werden, die nicht freiwillig am offenen Nachmittagsangebot teilnehmen. Was in dieser Form stattfinden kann, ist eine Hausaufgabenhilfe aber keine Lernzeit.
Mehr dazu in Kapitel 3!

Wie kann man die Kinder in den Lernzeiten motivieren?
Da Lernzeiten und der übrige Unterricht eine didaktisch-methodische Einheit bilden (sollen) ergibt sich allein durch diesen Zusammenhang eine Motivation. Diese wird verstärkt durch offene Unterrichtselemente, aus denen sich offene Aufgabenstellungen für die Lernzeiten entwickeln.
Zielvorgaben helfen Kindern, den Sinn von Aufgaben zu verstehen. Sie ermöglichen ihnen, das für sie passende Übungsmaterial auszuwählen, um Ziele zu erreichen.

Gegenüber fremdbestimmten Aufgaben stellen diese selbstbestimmten Lernvorhaben eine wesentliche Motivation dar, besonders wenn Kinder den Sinn erkennen können. Tritt dazu noch eine prozessorientierte Unterstützung statt einer ergebnisorientierten Kontrolle nach den Kriterien ordentlich, vollständig, richtig, steht einer motivierten Lernzeit nichts mehr im Wege.
Mehr dazu in Kapitel 1.2!

7. Quellen

Bauer, J. (2008), Prinzip Menschlichkeit – Warum wir von Natur aus kooperieren. München: Heyne, S. 31-36, S. 211-214.

Cooper, H./Lindsey, J. J./Nye, B./Greathouse, S. (1998): Relationship among Attitudes about Homework, Amount of Homework Assigned and Completed, and Student Achievement. In: Journal of Educational Psychology, Washington, CD, USA, 90, S. 70-83.

Eller, U./Grimm, W. (2012): Individuelle Lernpläne für Kinder – Grundlagen, Ideen und Verfahren für die Grundschule, Weinheim und Basel, 2. Auflage.

Eller, U./Greco, L./Grimm, W. (2012): Praxisbuch Individuelles Lernen – Von der Binnendifferenzierung zu individuellen Lernwegen, Weinheim und Basel, S. 30–31, S. 93.

Gerber, J./Wild, E. (2009): Mit wem wird wie zu Hause gelernt? Die Hausaufgabenpraxis im Fach Deutsch. In: Unterrichtswissenschaft, 37. Jg., Weinheim, S. 213-229.

Gründler, S./Dorbritz, J./Lück, D./Naderi, R./Ruckdeschel, K./Schiefer, K./ Schneider, N. (2013): Familienleitbilder – Vorstellungen, Meinungen, Erwartungen. In: Bundesinstitut für Bevölkerungsforschung (Hrsg.), Wiesbaden, S. 17.

2. JAKO-O Bildungsstudie – Presseinformation (2012): Turbo-Abi entschleunigen! – Eltern kritisieren das deutsche Schulsystem, S. 3.

Kaufmann, E. (2007): Individuelle Förderung in ganztägig organisierten Schulformen im Primarbereich – Abschlussbericht. Deutsches Jugendinstitut e. V. München, S. 88-98, S. 165-167.

Kaufmann, E. (2013): Ganztag ohne Hausaufgaben!? – Forschungsergebnisse zur Gestaltung von Übungs- und Lernzeiten. Stiftung Universität Hildesheim, S.3, S. 4, S. 12, S. 17, S. 20-21, S. 28-38, S. 30, S. 31.

Kaufmann, E./Wach K. (2010): Die soziale Konstruktion der Hausaufgabensituation. Deutsches Jugendinstitut e.V., München, S. 131-141, S.134-137, S. 138.

Klemm, K./Klemm, A. (2010): Ausgaben für Nachhilfe – teurer und unfairer Ausgleich für fehlende individuelle Förderung, Bertelsmann Stiftung, Gütersloh, S. 24-25.

Kohler, Britta (2013): Was wissen wir über Hausaufgaben? Ergebnisse der Forschung und Konsequenzen für die Praxis. In: Pädagogik, 65 (3), Weinheim, S. 6-9.

Kraus, J. (2008): Deutscher Lehrerverband (DL) – Aktuell. In: www.lehrerverband.de/hausaufg.htm, Abruf 31.8.2013.

Landwehr, N. (2010): Instrumente zur Schulevaluation und zur Schulentwicklung – Bewertungsraster zur Schulleitung auf der Aargauer Sekundarstufe II, Aarau (Schweiz): Departement Bildung, Kultur und Sport, Abteilung Berufsbildung und Mittelschule, S. 24.

Lankes, E./Bos, W./Mohr, I./Plaßmeier, N./Schwippert, K. (2003): Lehr- und Lernbedingungen in den Teilnehmerländern. In: Bos, W. u. a. (Hrsg.) Erste Ergebnisse aus IGLU – Schülerleistungen am Ende der vierten Jahrgangsstufe im internationalen Vergleich, Münster, S. 61 .

Lipowsky, Frank (2004): Dauerbrenner Hausaufgaben. Befunde der Forschung und Konsequenzen für den Unterricht. In: Pädagogik, 56 (12), S. 40-44.

Lüke, S. (2013): Ganztagsgrundschule Liebertwolkwitz: Hausaufgaben nach Schema bringen nichts. 15.4.2013. In: www.ganztagsschulen.org/de/4377.php, Abruf 30.12.2013.

Niggli, A/Trautwein, U./Schnyder, I./Lüdtke, O./Neumann, M. (2007): Elterliche Unterstützung kann hilfreich sein, aber Einmischung schadet: Familiärer Hintergrund, elterliches Hausaufgabenengagement und Leistungsentwicklung. In: Psychologie in Erziehung und Unterricht, 54, München, S. 1-14.

Oelkers, J. (2009): Barrieren für individuelle Förderung im Bildungssystem und ihre Bearbeitung. In: Stern, C. (verantwortlich): Heterogenität und Bildung. Individuelle Förderung in Deutschland – Hindernisse und Herausforderungen. Gütersloh: Bertelsmann Stiftung, S. 9-38.

Schmidt, H. J. (1984): Hausaufgaben in der Grundschule, Lüneburg, S. 360.

Sportschulzentrum Liebertwolkwitz 2013. In: www.sportgrundschule.de/index.php?id=12, Abruf 30.12.2013.

Standop, J. (2011): Hausaufgabendidaktische Strukturen und Verlaufsformen im Kontext schulischer Förderung von Selbstständigkeit – Befunde einer empirischen Studie. In: DDS – Die Deutsche Schule, 103. Jahrgang 2011, Heft 3, Münster, S. 222, S. 246-248.

Trautwein, U./Lüdtke, O. (2008): Die Förderung der Selbstregulation durch Hausaufgaben: Herausforderung und Chance. In: Rohlfs, C./Harring, M./Palentien, C. (Hrsg.): Kompetenz-Bildung. Soziale, emotionale und kommunikative Kompetenzen von Kindern und Jugendlichen, Wiesbaden, S. 239-251.

Trautwein, U./Lüdtke, O./Niggli, A./Schnyder, I. (2006): Predicting Homework Effort: Support for a Domain-Specific, Multilevel Homework Model. In: Journal of Educational Psychology, Washington, DC, USA, 98, Heft 2, S. 239-251, S. 438-456.

Trudewind, C. (o. J.): Elternbeteiligung an den Hausaufgaben: Folgen für die Kompetenz- und Leistungsmotiventwicklung, Manuskript, S. 13-14.

Wild, E. (2004): Häusliches Lernen. Forschungsdesiderat und Forschungsperspektiven. In: Zeitschrift für Erziehungswissenschaft. Heft 7, Beiheft 3., S. 37-64.

www.gs-comeniusschule.de/schule/Chronik.html (Zugriff am 3.1.2014).

www.friedrichwoehlerschule.de

www.willemerschulefrankfurt.wordpress.com

Das Investitionsprogramm „Zukunft Bildung und Betreuung“ (IZBB). http://www.ganztagsschulen.org/de/868.php; Zugriff am: 03.03.2014)

8. Weiterführende Literatur

Alders, Andreas (2009): Nie wieder Hausaufgaben! Schritte auf dem Weg zu einer guten Schule (1), Norderstedt.

Beutel, Silvia-Iris/Beutel, Wolfgang (2011): Hausaufgaben als Teil individueller Lernförderung und Rückmeldung. Good-Practice Ansätze an Schulen des Deutschen Schulpreises. In: Die deutsche Schule, 103 (3), S. 268-279.

Börner, Nicole (2011): Beteiligung von Eltern an den Hausaufgaben in der offenen Ganztagsschule. In: Soremski, Regina/Urban, Michael/Lange, Andreas (Hrsg.): Familie, Peers und Ganztagsschule, Weinheim/München, S. 146-163.

Boßhammer, Herbert/Schröder, Birgit (2012): Von den Hausaufgaben zu Aufgaben in der Ganztagsschule. In: Appel, Stefan/ Rother, Ulrich (Hrsg.): Jahrbuch Ganztagsschule 2012: Schulatmosphäre - Lernlandschaft - Lebenswelt, Schwalbach/ Ts., S. 67-81.

Buncher, Torsten (2012): Von Hausaufgaben zu Lernzeiten. Südschule Lemgo 2005-2011. In: Appel, Stefan/Rother, Ulrich (Hrsg.): Jahrbuch Ganztagsschule 2012: Schulatmosphäre – Lernlandschaft – Lebenswelt. Schwalbach/ Ts., S. 112-121.

Bussmann, Sandra (2007): „Katja, mach Hausaufgaben!“ Hausaufgaben im Spannungsverhältnis eigener Interessen und restriktiver Vorgaben. In: Lernende Schule, 10 (39), S. 12-14.

Centmayer, Dieter (2007): Hausaufgaben. In: Erziehungskunst, 71 (2), S. 156-162.

Dettmers, Swantje/Trautwein, Ulrich/Lüdtke, Oliver (2009): Eine Frage der Qualität? Die Rolle der Hausaufgabenqualität für Hausaufgabenverhalten und Leistung. In: Unterrichtswissenschaft, 37 (3), S. 196-212.

Dumont, Hanna/Trautwein, Ulrich/Lüdtke, Oliver (2012): Familiärer Hintergrund und die Qualität elterlicher Hausaufgabenhilfe. In: Psychologie in Erziehung und Unterricht, 59 (2), S. 109-121.

Eikenbusch, Gerhard (2013): Wenn nur alle ihre Aufgaben machen… Möglichkeiten und Grenzen von Schulleitungen, die Hausaufgabenpraxis zu beeinflussen. In: Pädagogik, 65 (3), S. 30-32.

Esslinger-Hinz, Ilona/Klaffke, Thomas (2007): Hausaufgaben. Ein altes Thema neu anpacken. In: Lernende Schule, 10 (39), S. 4-6.

Gängler, Hans/Markert, Thomas (2010): Ganztagsschule ohne Hausaufgaben?! In: Empirische Pädagogik, 24 (1), S. 78-92.

Gerber, Judith/Wild, Elke (2009): Mit wem wird wie zuhause gelernt? Die Hausaufgabenpraxis im Fach Deutsch. In: Unterrichtswissenschaft, 37 (3), S. 213-229.

Gobil, Sascha (2013): Anwendungsbezogene Hausaufgaben. Beispiel: Argumentieren lernen. In: Pädagogik, 65 (3), S. 16-17.

Grasedieck, Dieter (2008): Welchen Wert haben Hausaufgaben? — Plädoyer für individualisierte Hausaufgaben. In: Neue Didaktik, 1, S. 25-40.

Grosche, Jochen (2012): Hausaufgabenbetreuung im Ganztag. Organisation – Regeln – Möglichkeiten. Braunschweig.

Grosche, Michael (2008): Hausaufgaben, selbstreguliertes Lernen und aggressives Verhalten – Motivationale Handlungskonflikte und motivationale Interferenz in Hausaufgabensituationen bei Jugendlichen mit Verhaltensstörungen. In: Heilpädagogische Forschung, 4, S. 192-205.

Grosche, Michael/Hennemann, Thomas/Grünke, Matthias (2010): Selbst-regulationsdefizite bei Jugendlichen mit Verhaltensstörungen und ihre Auswirkungen auf das Hausaufgabenverhalten. In: Empirische Pädagogik, 24 (1), S. 26-41.

Haag, Ludwig (2012): Hausaufgaben spielend meistern. Notwendige Voraussetzungen für den Lernerfolg schaffen. In: Bönsch, Manfred/Haag, Ludwig/ Lanig, Jonas: Den individuellen Lernerfolg im Blick. Lernen fördern, Berlin u. a., S. 1-24.

Haag, Ludwig/Brosig, Klemens M. (2010): Hausaufgaben. Ihre Stellung in der heutigen Schule. In: Schulverwaltung. Bayern, 33 (11), S. 306-308.

Haenisch, Hans (2010): Lern- und Förderumgebungen im offenen Ganztag. Erfahrungen und Sichtweisen von Lehr- und Fachkräften. In: Wissenschaftlicher Kooperationsverbund (Hrsg.): Lernen und Fördern in der offenen

Ganztagsschule. Vertiefungsstudie zum Primarbereich in Nordrhein-Westfalen, Weinheim/München, S. 67-130.

Hascher, Tina/Hofmann, Franz (2011): Hausaufgaben aus der Sicht von (angehenden) Lehrerinnen und Lehrern. In: Die deutsche Schule, 103 (3), S. 219-234.

Hascher, Tina/Hofmann, Franz (2008): Kompetenzbereich Hausaufgaben. In: Gläser-Zikuda, Michaela/Seifried, Jürgen (Hrsg.): Lehrerexpertise, Münster u. a., S. 143-164.

Hendricks, Renate (2007): Eine neue Hausaufgabenkultur. Die veränderte Rolle der Hausaufgaben in der Ganztagsschule. In: Lernende Schule, 10 (39), S. 15-17.

Hofmann, Franz/Vötterl, Veronika (2013): Die Einstellungen von Lehrpersonen zu Hausaufgaben: ein Erklärungsversuch im Licht implizierter Motivstrukturen. In: Erziehung & Unterricht, 163 (1/2), S. 81-89.

Höhmann, Katrin (2013): Organisation von Hausaufgaben in Ganztagsschulen. In: Höhmann, Katrin/Kohler, Britta/Mergenthaler, Ziva/Wego, Claudia: Hausaufgaben an der Ganztagsschule, Schwalbach/Ts., S. 37-62.

Höhmann, Katrin (2010): Notwendige Last, überflüssiges Ritual oder gewinnbringende Herausforderung? Hausaufgaben an Ganztagsschulen aus Schulleitungssicht. In: Buchen, Herbert/Horster, Leonhard/Rolff, Hans-Günter (Hrsg.): Ganztagsschule: Erfolgsgeschichte und Zukunftsaufgabe, Stuttgart: Raabe, S. 57-70.

Höhmann, Katrin/Kohler, Britta/Mergenthaler, Ziva/Wego, Claudia (2013): Hausaufgaben an der Ganztagsschule, Schwalbach/Ts.

Höhmann, Katrin/ Schaper, Saskia (2008): Hausaufgaben. In: Coelen, Thomas/ Otto, Hans-Uwe (Hrsg.): Grundbegriffe Ganztagsbildung. Das Handbuch, Wiesbaden, S. 576-584.

Jäger, Reinhold S./Stuck, Andrea/Jäger-Flor, Doris/Riebel, Julia (2010): Hausaufgaben: Die andere Seite der Medaille: die Sicht (der) Eltern. In: Empirische Pädagogik, 24 (1), S. 55-77.

Kastens, Claudia/Lipowsky, Frank (2010): Hausaufgaben. In: Mägdefrau, Jutta (Hrsg.): Schulisches Lehren und Lernen. Pädagogische Theorie an Praxisbeispielen, Bad Heilbrunn, S. 109-126.

Kaufmann, Elke (Hrsg.) (2013): Ganztag ohne Hausaufgaben!? Forschungsergebnisse zur Gestaltung von Übungs- und Lernzeiten, Hannover.

Kaufmann, Elke/Wach, Katharina (2011): Die familiäre Hausaufgabenpraxis im Kontext ganztägiger Bildungssettings. In: Soremski, Regina/Urban, Michael/Lange, Andreas (Hrsg.): Familie, Peers und Ganztagsschule, S. 164-179.

Kaufmann, Elke/Wach, Katharina (2010): Die soziale Konstruktion der Hausaufgabensituation, München.

Kaune, Christa (2009): „Hier hab ich wieder nicht daran gedacht“: Hausaufgaben und Berichtigungen als Anregung zu metakognitiven Aktivitäten. In: PM: Praxis der Mathematik in der Schule, 51 (27), S. 22-27.

Kieren, Corinna Anke/Sumfleth, Elke (2008): Entwicklung eines hausaufgabenspezifischen Lehrerfragebogens. In: Höttecke, Dietmar (Hrsg.): Kompetenzen, Kompetenzmodelle, Kompetenzentwicklung. Gesellschaft für Didaktik der Chemie und Physik. Jahrestagung in Essen 2007, Münster, S. 399-400.

Klausen, Karin (2014): Hausaufgaben selbst gestellt? Unglaublich! In: Klausen, Karin: Perspektivenwechsel in der Schule. Wenn Kinder ihr Denken selbst entwickeln und ihre Hausaufgaben und Noten selbst bestimmen, Baltmannsweiler, S. 107-139.

Kleinen, Karin (2009): Hausaufgaben in der Kritik. Erfahrungen und Forderungen aus Sicht der pädagogischen Fachberatung für die offene Ganztagsschule im Primarbereich. In: Schulverwaltung. Nordrhein-Westfalen, 20 (10), S. 266-269.

Kleinschmidt-Bräutigam, Mascha (2013): Nicht einfach, aber machbar. Hausaufgaben als Teil der Unterrichtsentwicklung verstehen. In: Grundschule, 45 (1), S. 11-15.

Knapp, Damaris (2007): Hausaufgaben selbstverantwortlich planen. Wochenhausaufgaben und Freie Hausaufgaben. In: Lernende Schule, 10 (39), S. 28-29.

Köck, Peter (2008): Hausaufgabe. In: Köck, Peter: Wörterbuch für Erziehung und Unterricht. Das bewährte Fachlexikon für Studium und Praxis, Augsburg, S. 190-191.

Kohler, Britta (2013): Was wissen wir über Hausaufgaben? Ergebnisse der Forschung und Konsequenzen für die Praxis, Pädagogik, 65 (3), S. 6-9.

Kohler, Britta (2013): Hausaufgaben und Ganztagsschule. In: Höhmann, Katrin/Kohler, Britta/Mergenthaler, Ziva/Wego, Claudia: Hausaufgaben an der Ganztagsschule, Schwalbach/ Ts., S. 9-36.

Kohler, Britta (2013): Es müssen nicht alle dasselbe tun. Argumente und Tipps für differenzierte Hausaufgaben. In: Grundschule, 45 (1), S. 16-19.

Kohler, Britta (2011): Hausaufgaben. Überblick über didaktische Überlegungen und empirische Untersuchungen. In: Die deutsche Schule, 103, 3, S. 203-218.

Kohler, Britta (2007): Sinn und Nutzen von Hausaufgaben. In: Schulmagazin 5 bis 10, 75 (5), S. 5-12.

Kohler, Britta/Merk, Samuel/Zengerle, Inga (2013): Hausaufgaben abschreiben. Täuschungsverhalten aus theoretischer, empirischer und praktischer Perspektive. In: Pädagogik, 65 (3), S. 18-21.

Kohler, Britta/Wach, Katharina (2011): Die familiäre Hausaufgabenpraxis im Kontext ganztägiger Bildungssettings. In: Soremski, Regina/Urban, Michael/ Lange, Andreas (Hrsg.): Familie, Peers und Ganztagsschule, S. 164-179.

Kohn, Martin (2012): Hausaufgaben 2.0. Erstellung von Online-Aufgaben und Arbeitsblättern. In: LA-Multimedia, 9 (2), S. 14-16.

Kohn, Martin (2011): Hausaufgaben gestern, heute und morgen. In: Kohn, Martin: Unterricht 2.0. Lehren und Lernen mit interaktiven Tafelbildern, Seelze, S. 175-186.

Lipowsky, Frank (2007): Hausaufgaben: auf die Qualität kommt es an! Ein Überblick über den Forschungsstand. In: Lernende Schule, 10 (39), S. 7-9.

Meissner, Sibylle (2013): Individuelle Hausaufgaben im Aufsatzunterricht. Leistungen rückmelden – Texte bearbeiten – Erfolge neu bewerten. In: Pädagogik, 65 (3), S. 14-15.

Merkenich, Stephanie (2013): Lernplattformen als Instrument von Hausaufgaben. Kleine Tools mit großer Wirkung. In: Pädagogik, 65 (3), S. 26-29.

Mintz, Jerry (2008): Keine Hausaufgaben und den ganzen Tag Pause. Wie es Bildung in Freiheit und Demokratie geben kann, Leipzig.

Mischo, Christoph/Haag, Ludwig (42010): Hausaufgaben. In: Rost, Detlef H. (Hrsg.): Handwörterbuch Pädagogische Psychologie, Weinheim u. a., S. 249-256.

Mosick, Ursula (2010): Erfolgreich Lernen trotz Schule. Rückenwind bei den Hausaufgaben. Das Elternhandbuch, Norderstedt.

Niggli, Alois/Trautwein, Ulrich/Schnyder, Inge (2010): Die Rolle der Lehrpersonen bei den Hausaufgaben. In: Empirische Pädagogik, 24 (1), S. 42-54.

Niggli, Alois/Moroni, Sandra (2009): Hausaufgaben geben, erledigen, betreuen. Vom erfolgreichen Umgang mit Hausaufgaben, Freiburg.

Nordt, Gabriele (2013): Lernen und Fördern in der Hausaufgabenpraxis der offenen Ganztagsgrundschule in Nordrhein-Westfalen. Eine qualitative Studie aus der Perspektive der pädagogischen Kräfte und der Kinder, Münster.

Nordt, Gabriele (2010): Hausaufgaben/Lernzeiten aus Sicht der pädagogischen Kräfte und Kinder. In: Wissenschaftlicher Kooperationsverbund (Hrsg.): Lernen und Fördern in der offenen Ganztagsschule. Vertiefungsstudie zum Primarbereich in Nordrhein-Westfalen, Weinheim/München, S. 269-316.

Nordt, Gabriele/Röhner, Charlotte (2008): Hausaufgaben in der offenen Ganztagsgrundschule. Ein Beitrag zur Förderung des schulischen Lernens und der Schulqualität? In: Widersprüche. Heft 110. Ganztagsschule – Hoffnung. Ernüchterung. Kritik, S. 67-80.

Proost, Klaus (2013): Ich will… Individuelles Fördern durch die Arbeit mit Zielen im Bereich der Hausaufgaben. In: Grundschule, 45 (1), S. 22-25.

Rekus, Jürgen/Mikhail, Thomas (42013): Hausaufgaben. In: Rekus, Jürgen/Mikhail, Thomas: Neues schulpädagogisches Wörterbuch, Weinheim/München, S. 144-147.

Sacher, Werner (2013): „Papa, wie geht das?" Elternhilfe bei den Hausaufgaben: unentbehrlich oder schädlich? In: Grundschule. 45 (1), S. 26-28.

Schaarwächter, Heidrun (2006): „Haus"-Aufgaben an Ganztagsschulen. Beispiele für eine andere Aufgabenpraxis. In: Lernende Schule, 9 (35), S. 39-43.

Schnyder, Inge/Niggli, Alois/Trautwein, Ulrich (2008): Hausaufgabenqualität im Französischunterricht aus der Sicht von Schülern, Lehrkräften und Experten und die Entwicklung von Leistung, Hausaufgabensorgfalt und Bewertung der Hausaufgaben. In: Zeitschrift für pädagogische Psychologie. 22 (3-4), S. 233-246.

Schraml, Sabine (2007): Bewegliche Lernzeit. Schulvereinbarungen zu Hausaufgaben – ein Erfahrungsbericht. In: Mathematik lehren. 140, S. 51-54.

Schulte, Annegret/Bretschneider, Marie-Luise (2010): Hausaufgaben in der OGS. Entwicklung eines Konzepts. In: Schulverwaltung. Nordrhein-Westfalen, 21 (9), S. 235-236.

Seupel, Heike (22009): Hausaufgaben. In: Arnold, Karl-Heinz/Sandfuchs, Uwe/Wiechmann, Jürgen (Hrsg.): Handbuch Unterricht, Bad Heilbrunn, S. 287-290.

Standop, Jutta (2013): Hausaufgaben in der Schule. Theorie, Forschung, didaktische Konsequenzen, Bad Heilbrunn.

Standop, Jutta (2013): Den Rest macht ihr zu Hause. Hausaufgaben sinnvoll auswählen und planen. In: Grundschule, 45 (1), S. 6-9.

Standop, Jutta (2011): Eine Theorie der Hausaufgaben? Defizite eines Selbstverständnisses in der Ausbildung und Ausübung des Lehrerberufes und Prämissen einer theoretischen Implementierung in die Unterrichtsdidaktik. In: Pädagogische Rundschau, 65 (1), S. 75-93.

Standop, Jutta/Jürgens, Eiko (2010): Hausaufgaben. In: Andresen, Sabine/Brumlik, Micha/Koch, Claus (Hrsg): Das ElternBuch: Wie unsere Kinder geborgen aufwachsen und stark werden. 0-18 Jahre, Weinheim/München, S. 393-403.

Sumfleth, Elke/Kieren, Corinna/Ackeren, Isabell van (2011): Hausaufgabenpraxis im Gymnasium. Empirische Befunde am Beispiel eines „Nebenfachs". In: Die deutsche Schule, 103 (3), S. 252-267.

Sumfleth, Elke/Nicolai, Nina (2009): Kooperative Hausaufgaben im Chemieunterricht. Ergebnisse einer Videostudie. In: Der mathematische und naturwissenschaftliche Unterricht, 62 (1), S. 46-51.

Sumfleth, Elke/Nicolai, Nina (2008): Hausaufgaben. Allgemeines und Spezifisches mit Blick auf die Naturwissenschaften. In: Der mathematische und naturwissenschaftliche Unterricht, 61 (4), S. 195-199.

Trautwein, Ulrich (2008): Hausaufgaben. In: Schneider, Wolfgang/Hasselhorn, Marcus (Hrsg.): Handbuch der Pädagogischen Psychologie, Göttingen, S. 563-573.

Trautwein, Ulrich/Lüdtke, Oliver (2008): Die Förderung der Selbstregulation durch Hausaufgaben. Herausforderungen und Chancen. In: Rohlfs, Carsten/Harring, Marius/Palentien, Christian (Hrsg.): Kompetenz-Bildung. Soziale, emotionale und kommunikative Kompetenzen von Kindern und Jugendlichen, Wiesbaden, S. 239-251.

Voag, Alexandra (2006): Anregungen zur Veränderung der Hausaufgabenpraxis am Ganztagsgymnasium. In: Appel, Stefan/Ludwig, Harald/Rother, Ulrich/ Rutz, Georg (Hrsg.): Jahrbuch Ganztagsschule 2007. Ganztagsschule gestalten, Schwalbach/Ts., S. 171-181.

Wego, Claudia (2013): Hausaufgabenbetreuung an einer Offenen Ganztagsgrundschule. In: Höhmann, Katrin/Kohler, Britta/Mergenthaler, Ziva/Wego, Claudia: Hausaufgaben an der Ganztagsschule. Schwalbach/Ts., S. 111-141.

Wellenreuther, Martin (2013): Hausaufgaben stellen: Wann? Welche? Und wie?: Zum Streit um Sinn und Unsinn von Hausaufgaben (Teil 1), SchulVerwaltung NRW 1, S. 16-18.

Wellenreuther, Martin (2013): Hausaufgaben effektiv erledigen: Der Einfluss von Lehrern und Eltern: Zum Streit um Sinn und Unsinn von Hausaufgaben (Teil 2), SchulVerwaltung NRW 3, S. 77-81.

Wild, Elke (2009): Hausaufgaben – Last oder Chance? Eltern- und Lehrerkooperation intensivieren. In: Schule NRW, (6), S. 282-286.

Wild, Elke/Gerber, Judith (2007): Charakteristika und Determinanten der Hausaufgabenpraxis in Deutschland von der vierten zur siebten Klassenstufe. In: Zeitschrift für Erziehungswissenschaft, 10 (3), S. 356-380.

Wissenschaftlicher Kooperationsverbund (Hrsg.) (2010): Lernen und Fördern in der offenen Ganztagsschule. Vertiefungsstudie zum Primarbereich in Nordrhein-Westfalen, Weinheim/München.

Wolf, Norbert (2008): Hausaufgaben an der Ganztagsschule. In: Appel, Stefan/ Ludwig, Harald (Hrsg.): Jahrbuch Ganztagsschule 2008: Leitthema Lernkultur. Schwalbach/Ts., S. 184-201.

Zepp, Lothar (2009): Zum Verhältnis von Hausaufgaben und schulischer Leistung(ssteigerung) bei Halbtags- und Ganztagsschülern. In: Appel, Stefan/ Ludwig, Harald/Rother, Ulrich/Rutz, Georg (Hrsg.): Jahrbuch Ganztagsschule 2009: Leben – Lernen – Leisten, Schwalbach/Ts., S. 103-120.

Zepp, Lothar (2008): Schulische Erziehung zum selbstregulierten Lernen als wesentliche (Grund-)Funktion und vornehmste Aufgabe der GTS. In: Die Ganztagsschule, 48 (2-3), S. 64-82.

Zimmer, Matthias (2013): Hausaufgaben kontrollieren? Oder: Hausaufgaben in Eigenverantwortung – ein Gedankenexperiment. In: Pädagogik, 65 (3), S. 24-25.

Internetseiten:

www.ganztaegig-lernen.de
www.ganztagsschulen.org
www.ganztag-blk.de
www.bildungsserver.de
www.ganztagsschulverband.de

Die Autoren

Wendelin Grimm war Ausbilder am Studienseminar. Als Leiter einer Grundschule führte er deren Entwicklung zum Ganztag und zum individuellen Lernen. Er veröffentlichte Artikel in Fachzeitschriften zur Ganztagsschule und ist Mitautor von zwei Büchern zur Praxis des Individuellen Lernens. Dazu leitete er zahlreiche Fortbildungskurse. Aktuell ist er mit Vorträgen und Fortbildungen zu Lernzeiten statt Hausaufgaben engagiert.

Gunild Schulz-Gade studierte an den Universitäten in Osnabrück und Tübingen die Fächer Germanistik und Geographie für das Lehramt an Gymnasien. Nach ihrem Referendariat in Hannover arbeitete sie einige Jahre als Lehrerin und seit 2008 im Schulleitungsteam einer Gesamtschule in Kassel. Seit 2010 ist sie Mitarbeiterin der Serviceagentur „Ganztägig lernen" im Staatlichen Schulamt für die Stadt und den Landkreis Kassel. Neben mehreren Veröffentlichungen zu ganztagsschulspezifischen Themen ist sie seit 2014 neben Sabine Maschke und Ludwig Stecher Mitherausgeberin des anerkannten Jahrbuchs Ganztagsschule.

debus PÄDAGOGIK

Ilse Kamski
unter Mitarbeit von Saskia Koltermann

Rhythmisierung in Ganztagsschulen

Erprobte Praxis – Funktionierende Modelle

Rhythmisierung ist in vielerlei Hinsicht ein Schlüsselbegriff ganztätig arbeitender Schulen, der geklärt, abgegrenzt und zielgerichtet beschrieben werden muss. Ohne eine gelingende Rhythmisierung bleiben organisatorische wie pädagogische Veränderungsprozesse oft auf halbem Wege stecken.

Dieser theoretisch fundierte Praxisband besticht durch seine klare Struktur, die auf allen Ebenen (Schul-, Unterrichts- und Individualebene) konkrete Handlungsmöglichkeiten aufzeigt. Damit ist er sowohl für die Personen in den Ganztagsschulen und den Unterstützungssystemen als auch den Bildungsadministrationen und Ministerien eine gute Praxishilfe, um „Rhythmisierung" innerhalb der konkreten Rahmenbedingungen vor Ort einordnen und umsetzen zu können.

Nach einer kurzen historischen Einordnung und einer Begriffsbestimmung in der Zusammenschau mit den Organisationsmerkmalen und pädagogischen Gestaltungsfeldern von Ganztagsschule, werden verschiedene Zeitstrukturmodelle vorgestellt und ihre jeweiligen Konsequenzen für die Schule anhand von Praxisbeispielen detailliert erläutert.

Einen großen Raum nimmt die Veränderung der unterrichtlichen Ebene ein: Die Möglichkeiten neuer Lernzeitformate sowie die Frage nach dem Sinn und Unsinn der traditionellen Hausaufgabenpraxis. Daneben werden auch außerunterrichtliche Angebote intensiv erörtert und beispielhaft dargestellt.

ISBN 978-3-95414032-9, 192 Seiten, € 22,80

Die Autorinnen

Dr. Ilse Kamski
hat vielfältige Erkenntnisse und Erfahrungen während ihrer langjährigen Arbeit am Institut für Schulentwicklungsforschung (IFS) der TU in Dortmund gesammelt. Daneben hat sie zahlreiche Schulen und Bildungsinstitutionen beraten und Trainingsseminare durchgeführt.

Dr. Saskia Koltermann
hat mehrjährige Unterrichtserfahrung an einer gebundenen Ganztagsschule im Aufbau. Sie war am Zentrum für Lehrerbildung (ZfL) sowie am Institut für Schulentwicklungsforschung (IFS) der TU Dortmund als wissenschaftliche Mitarbeiterin und Schulentwicklungsberaterin tätig.